フランス・ジヴェルニーにあるモネの庭。撮影：Andrew Lawson

英国ケント州のシシングハースト・カースル・ガーデン。撮影：Andrew Lawson

英国のコッツウォルズ地方にある自邸、ハイグローブの庭で苗を植えるチャールズ皇太子。静かなプライベートタイムのワンショット。撮影：Andrew Lawson

ハイグローブの玄関へのアプローチは両側がメドウに。撮影：Andrew Lawson

NYの高層ビルに作られた眺めの良い屋上ガーデン。撮影：Jerry Harpur

オンタリオ湖に面したトロント・ミュージックガーデン。撮影：Virginia Weiler

日本のバラ界に大いなる変革をもたらした『バラの園を夢見て』（右）と、バラの名園、名花をふんだんに掲載したBISESのムック『輝くバラたち』

3.11の被災地、岩手県陸前高田の斜面地が花咲く野原に変わった。撮影：植原直樹

BISES

共感のエナジー

ガーデニング誌『ビズ』の記録

八木波奈子

文芸社

はじめに

『ビズ』読者の熱情は、いつも素晴らしかった。

編集現場は、読者が起こすリアクションのパワーにいつも後押しされながら、企画が前に前にと進んでいった。花咲く美しいガーデンに夢を重ねたたくさんの人たちが繰り広げたドラマは、全国各地で共感の輪を広げ、それはやがてガーデニングという日本初のムーブメントとなって、大人たちのライフスタイルを変えていった。

この本はガーデニングの発信元である『ビズ』とその読者が紡いだ、創刊から休刊になるまでの二十五年間の、生命が息づくドラマである。あくまでも舞台は『ビズ』。その編集現場にいた者の視界で捉えた日本のガーデニングの、ささやかではあるが、一貫した歴史になっている。

日本で広まったガーデニングという花の庭づくりは、長い伝統をもつ日本庭園とは一線を画し、一般の人々の暮らしに密着しながら、いくばくかは読者の「自己表現」の欲求を取り込んで〝暮らしの手仕事〟として普及した。

この本の最初の章は、当時の日本では全くの新領域だった〝ガーデニング〟を、編集長として創刊誌の芯柱に据える覚悟をするまでの経緯を書いた。

経緯といっても、ニューヨーク、パリ、インド、ロンドンと、一九八八年からの三年間に訪れた四か国、それぞれ八日間前後の旅の話だ。東京に住み、自宅と編集部を往復するだけの狭い世界に生きていた一編集者にとって、この旅はダイナミックでゴージャスな体験と自信を与えてくれた。この旅こそが、『ビズ』の創刊編集長として立つための肥やしとなり、私にとっては、ゼロから有を生む、人生でそう何度もないジャンプのためのスプリングボードとなった。

そして、一九九二年にガーデニング誌『ビズ』が誕生した。

八木波奈子

目次

目次

第二章　快進撃の始まり
異次元の美を見せる世界の名園特集

第三章　暮らしの中のガーデン　さらなる発展

第四章　覚醒する日本のガーデン――全国に広がるガーデニング愛好者たち

第五章　東日本大震災と「3・11ガーデンチャリティ」ガレキの大地を花咲く野原に変える

終章　『ビズ』草創期からの仲間たち　四人の頼れるガーデンデザイナー

第一章　創刊誌の着想を求めて――

四年後を目指して、新領域での雑誌創刊を計画していた。
雑誌大国の日本で、果たしてまだ誰も手をつけていない領域などあるのだろうか？
もしかして、海外への旅で何か見つかるかもしれない……という淡い期待。
「自分が求めていたのはこれだ」という確信に行き着くまでには、
四か国を訪れるという、かなりのエネルギーを要することになる。
『ビズ』がガーデニング誌として生まれることになるきっかけは
飛行機を待ちながら一杯のコーヒーを飲んでいた空港での会話にあった。

一九八八年　ニューヨーク

初めてのニューヨーク
天からヒントは降りてこない

一九八七年の暮れ、私はニューヨークに向かった。高校同期の友人三人で年末年始を一緒に過ごそうという話になったからだ。ユニセフで働く同級生の渡辺英美（※）が、この年ミャンマー（当時はビルマと呼んでいた）からニューヨークの本部へ転勤になったので、英美のアパートで少人数の同窓会をやろうよ、と呼びかけてきたのが発端。あともう一人、クラスは違っていたけれど鏑木美恵子（※）はドイツからやって来るそうだ。彼女はドイツ人と結婚して名前はクラインシュミット美恵子になっていた。海外に慣れきった二人と、ボロ英語でモタモタの私。空港から一人タクシーに乗って、英美たちの待つアパートへ向かうことになっていたので、摩天楼がそそり立つニューヨークの名高い夜景もろくに記憶に残っていないほど、車中では緊張していた。ようやくアパートにたどり着き、ドアを開けた途端、「無事ついたね～」と賑やかな拍手で迎えられた。

私たち、四十一歳だった。

私はその頃、インテリアとライフスタイルの隔月刊誌『私の部屋』(婦人生活社発行)の編集長になって五年が経っていた。この雑誌は、先代の編集者、平沢啓子と木村寛が生み育てたもので、類似誌のない分野を開拓した本だった。名コンビといわれた二人から編集長を引き継いだ私は、そのとき、心に決めたことがあった。

それは、

〝彼らが創刊から十年続けた本だから、私もあと十年頑張る。雑誌コンセプトは変えず、これまで通り二人が仕上げた完成形をできるだけ維持していこう。その代わり二十周年の区切りとなる一九九二年からは、私自身が考えた新しい領域で創刊編集長になる〟

ということだった。

当時、この雑誌の内容に不満があったわけではなかった。創意工夫に満ちたインテリアや手芸の記事に混じって、示唆するものの多い自然志向のエッセイや、レイチェル・カーソンをはじめとする環境論なども紹介する、なかなかインテリジェンスの高いページも盛り込まれていた。誌面構成は「優しい気持ちの女の子になろうよ」というコンセプトに合わせて、親しみやすさを重視していた。

とても良い本だったけれど、でも、それは私のオリジナルではなかった。今でいうなら、名曲のカバー曲を歌う歌手の心境だろうか。ぼんやりとではあるが、「これが私です」といえる明確なインパクトを新雑誌に求めていたのかもしれない。自分で一から創り出した雑誌が欲しかったのだ。

勇ましい限りであるが、「新しい領域の雑誌」という言葉を、まるで念仏でも唱えるように頭の中で繰り返しているうちに、決意はいつの間にか自分自身への使命のように胸に刻まれていた。思うは易し、されど……、日常世界に天啓のようなものが都合よく降りてくるわけもなし。私は何かに突き動かされるように、新しい発想を求めてニューヨークにやってきた。

ニューヨークでの記憶

物珍しく、めまぐるしく過ごした一週間ほどの旅の中で、三者三様の立ち位置が面白かった。クラインシュミット美恵子のドイツ人ぶりも印象に残った。

ちょっと裏道を歩いていたとき、空きビルが目に入った。美恵子は窓が汚れている、ドイツでは考えられないと呟く。ある日はハーレムをぜひ見学したいと言いだす。英美と私は「社会派だね〜、でも今更ハーレムに行っても新たな情報はない！」と冷ややか。

一方、英美はニューヨークのキャリアウーマンになりたてで、化粧もグンと上手くなっていたし、道を歩くスピードもやけに速かった。私たちは小走りについていく始末。一九八〇年代末のNY事情はなかなか面白い。この頃のニューヨークの女性たちは、自宅から会社の最寄り駅まではスニーカーを履いてササッと早足で移動し、オフィス前でハイヒールに履き替えていい女になって臨む、これが大流行していた。英美はまさに、こうした流行に乗っかっていたのであった。

東京に帰る日、「波奈子に今話題の言葉を教えてあげる」と言ってyuppie,YUPを紙に書いてくれた。young urban professionalsの略で、若手都会派知的職業人という意味。コトバンク（用語解説サイト）には、第二次世界大戦後のベビーブーム期に生まれた世代で、都会に住んで知的職業に就いているエリートを指すとある。米国発祥だそうだ。英美はYUPを地で行っていたのである。

私たちはそれぞれ、これからのキャリアをかけ、力みなぎるターニングポイントを滑稽なまでに熱く生きていた。

後に『ビズ』創刊以後、二人は折に触れ、誌面づくりやワールドワイドな情報提供などで、幅広く協力してくれた。初期の頃の『ビズ』には、クラインシュミット美恵子の名は翻訳者、レポーターとして登場している。一方、英美は北欧、カナダ、アメリカ、イギリスなど世界各地から、文化、社会、ガーデニングの動向、ガーデンセラピーなどについて、実に二十五年もの間、情報を提供し続けてくれた。

このニューヨークの旅では、後のインド旅行の伏線となる「大マハラジャ展」をメトロポリタンミュージアムで見た。最初は予定になかったこの展覧会、会場に何となく入って仰天した。そこには、マハラジャの栄華をこれでもかと展示した驚愕の世界が繰り広げられていた。実はこのときの強烈な印象が、二年後のインドへの旅の誘いに腰を上げる要因にもなったように思う。今も目に浮かぶのは、会場のガラスケースに吸い寄せられるように顔を近づけて見つめていた、ゲイと思しき男性の姿。その視線の先にあったのは黄金の短剣で、鞘には見たこともない大きさのダイヤ、サファイア、エメラルドなどの宝石が彩りもまばゆく象嵌されていた。一体、インドでは今もマハラジャは存在するのだろうか？　遠い国の、はるか昔の物語なのか。全くもって、私にはファンタジーの世界だった。

（※）渡辺英美（わたなべ　えいみ）プロフィール

ＩＣＵ（国際基督教大学）卒業後、ロンドン大学で社会学の博士号を得る。一九七七年より国連児童基金（ユニセフ）に勤務し、数か国の事務所長を経て、女性初となるインド全体を統括する事務所長に就任した。その後、国連開発機構（ＵＮＤＰ）に移る。二〇〇四年、母校ＩＣＵの客員教授。二〇〇九年からは、世界銀行副総裁のランクで二〇一四年まで議長を務める。現在、夫の母国デンマークに在住。（都立小山台高校では八木波奈子と同級生）

（※）クラインシュミット美恵子（鏑木美恵子＝かぶらき　みえこ）プロフィール

早稲田大学卒業後、アメリカ、マサチューセッツ州立大学大学院留学。その頃、留学中のドイツ人と出会い婚約。結婚後はドイツに居住し、東京銀行デュッセルドルフ支店に就職。退職後は、フリーランサーとして、ＮＨＫ、日本テレビ、読売新聞、朝日新聞などのドイツ支局で通訳、翻訳、取材、レポーターなどの仕事を担当する。一九八九年帰国後は、ＮＨＫ　ＢＳ１のワールドニュースでドイツニュースを担当。（都立小山台高校卒）

一九八九年　パリ

ついに創刊誌のタイトルが決まった！ BISES（ビズ）は感触の伝わるロマンチック語

ニューヨーク旅行の翌年、一九八九年一月に、私は母とパリに出かけた。きっかけは、夫が見つけた新聞広告で、〝シーズンオフのパリ八日間、お一人様二十万円！〟だった。

母は若い頃、洋裁修行の最終仕上げに東京へ出て、日本の洋裁教育の礎を築いた高田力之（りきの）さん（※）の内弟子となった。滞欧歴の長かった高田先生から、「とにかくパリに留学せよ」と折に触れ勧められていたが、事は思うようには運ばず、パリへの想いをずっと引きずって生きていたのである。

このツアーでは、宿泊が凱旋門のすぐそばのホテル、移動なしの連泊であった。私は、旅の準備に、かなりエネルギーを注いだ。母にとっては初めてのパリ、旅のテーマは「オートクチュール盛んなりし頃の古き良きパリをめぐる」とした。旅行代理店が組んだ八日間のスケジュールの中では、〝ロワール川流域の城めぐりバスツアー〟のみ参加することにして、あとは全てキャンセルし、プライベートで行動することに切り替えた。

まず、ドイツに住む友人、クラインシュミット美恵子に頼んで、優秀な通訳兼ガイドを見つけてもらった。ファッションとアートに通じた近藤壽雄（ひさお）氏が見つかった。

パリにて

一九八九年のパリは特別な年であった。フランス革命があった一七八九年からちょうど二百周年、エッフェル塔建設の一八八九年から百周年、まさにこれ以上ないほどの節目の年だった。エッフェル塔には、記念の１００の文字が電飾で輝いていた。

つくづく旅はナビゲーター次第だと思う。近藤氏の通訳ぶり、ガイドぶりは見事としか言いようがなかった。打ち合わせのとき最初に聞かれたのは、「どちらの方がこの旅の主役ですか？」だった。母である旨を伝えると、その後全ての場面で、さりげなく主役に向かって意向を尋ね、言葉掛けし、店に入るときにはエスコートをしたのである。当然、店側も主役に向かって「ようこそ、マダーム」と微笑みかけてくる。パリの地で、母は主役・藤澤春子に戻ったと感じた。パリの老舗店の品格ある接客ぶりに、私も居心地がよかった。

このパリ旅行は、私自身の心にも高揚感をもたらした。食事時に交わされた会話から、この夜、とうとう新雑誌のタイトルが誕生するのであった。

最高にハッピーな一日の夕食タイムに、クライマックスが来た

パリ旅行の最後の夕食は、特別なレストランがいいですね、という近藤氏の発案で、マキシムに予約を入れた。近藤氏は一度家に戻って上等のスーツに着替え、私たちのエスコートをしてくれた。

マキシムの内装は、本物のアールヌーボー様式、マホガニーとブロンズの素材感も重厚で、そこに集まる客たちのファッションも気分を上げてくれる。古き良き時代のパリを味わう旅のクライ

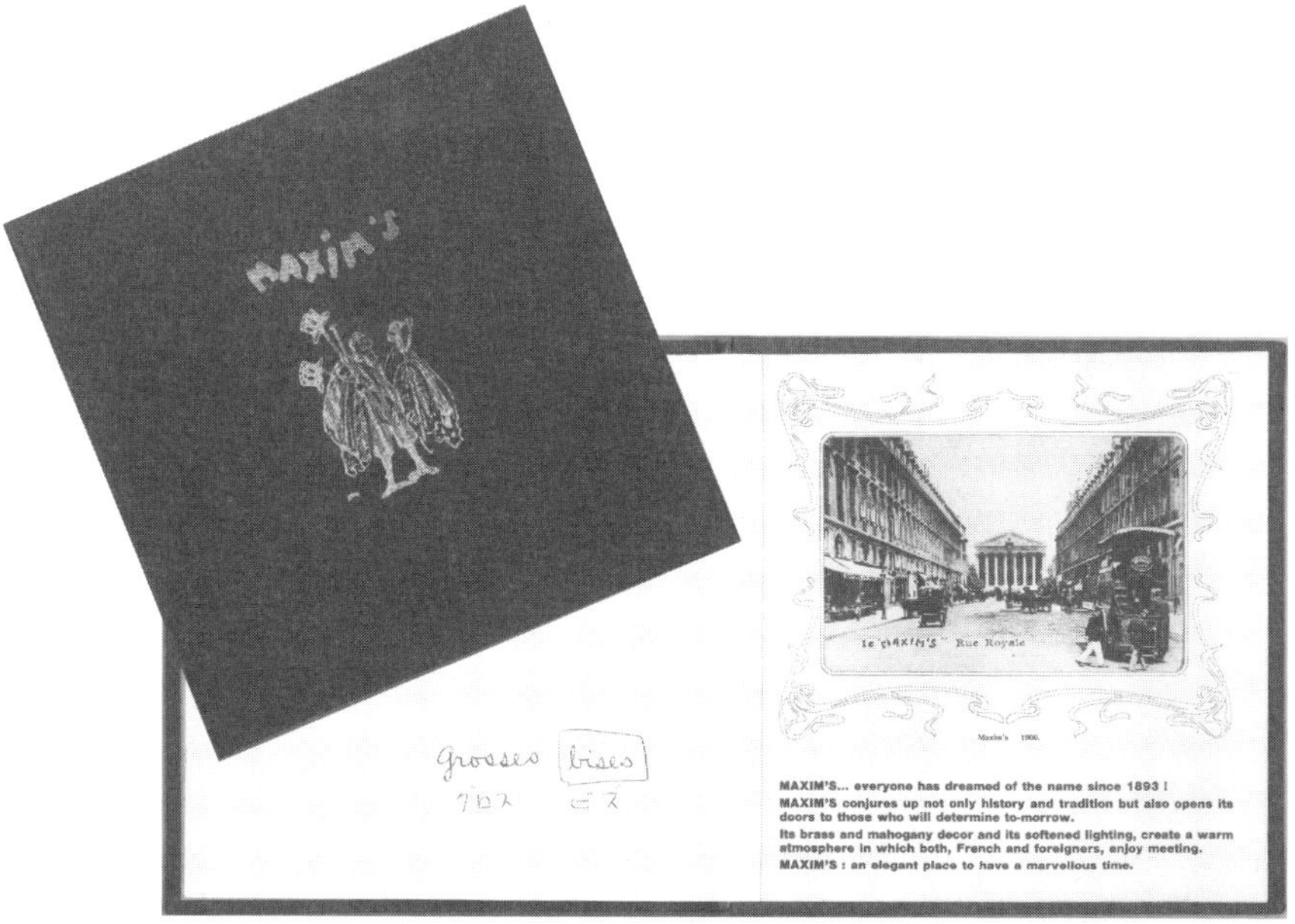

赤い布張りのアルバムに、grosses bises と書いてもらった

パリのレストラン、マキシムにて。通訳の近藤氏と母と私

マックスだった。とはいえ、マキシムはエンターテインメントに徹した店でもあった。食事中にプロカメラマンがさりげなく回って来て、写真を撮ってもいいかと聞く。いいと答えると、何枚も撮ってくれた。そしてデザートとお茶の頃合いを見て、一冊のアルバムにレイアウトされた写真を持ってやって来た。写真はどれも実によく撮れている。値段は七千円ほどだったと記憶している。このアルバムは、生涯残るメモラブルな記録になった。

KISS キスをフランス語では？

ここまで詳しくマキシムの話を書いてきたのには訳がある。いつどこで何をしていても次の新雑誌のことが頭から離れなかった私の話題は、すぐに仕事のことになってしまう。私が新雑誌につけようと思った「KISS」、実はこの雑誌タイトル案は、日本では他社が登録していて使えなかったことを近藤氏に話すと、「BISES」（ビズ）というフランス語ではどうでしょう、と提案してくれた。挨拶がわりの頬へのキス。ハグしながら軽くチュチュッとする、あの触れるか触れないかのキス。手紙の最後に〝grosses bises（たくさんのキスを）〟と複数形で書くこともあります、と解説してくれた。でも、日本では百人に聞いても、多分誰も知らないかもしれませんが、とも言う。「結構だわ、私が創刊する新領域の雑誌なんて、どっちにしてもマイナーなものになると思うから、ぴったりよ」

こんな発想と直感で新雑誌のタイトルを決める私は、常識的に考えたら編集長の資格はない、と断言できる。私は「ＢＩＳＥＳ」が気に入ったので、マキシムで買った赤い可愛いアルバムの最後のページに〝grosses bises（グロス ビズ）〟と書いてもらった。新雑誌の中身は未定、でも、タイトルはこれで決まった。

タイトルが誕生したこのシチュエーションは、その後『ビズ』という雑誌が歩む波乱に富んだ二十五年のヒストリーの中で、守るべき商標「ＢＩＳＥＳ」として、常に私の胸に刻みつけられていた。「ＢＩＳＥＳ」誕生時の幸せな思い出は、後に訪れる困難なときにも雑誌を作り続ける私の力となった。

この夜が近藤氏の通訳業務終了日だった。私は彼にbisesをした。近藤氏は微笑みとともに、母にbisesを返した。どこまでもスマートな男性だった。

■一九八九年のパリ旅行は、熟年層の旅というものを私の中で意識するきっかけとなった。決して現代の主流をなすカジュアルな旅ではないし、当然安くもない。若い世代には無意味に近い重装備のスタイルかもしれないが、この体験はのちに日本で初めて催行したビズ・オリジナルツアー「英国　夢の庭めぐりツアー」に反映された。旅行業界に〝庭めぐり〟という新たなジャンルを作った企画である。

ゲストが大切にもてなされる、大人の旅。きちんとした言葉で正確に伝えられる歴史の魅力など、ビズ的な旅の組み立て方にスピリッツとして生かされた。庭主によるゲストたちへのもてなしには、英国の庭文化の基底となる品格が備わっていた。

（※）高田力之（たかだ　りきの）プロフィール

一八九六（明治二十九）年倉敷市に生まれる。一九二八（昭和三）年から生活スタイルを含めた洋服全般について学ぶため、ドイツ、フランスに留学し、一九三四（昭和九）年帰国。帰国後、戦前は文化服装学院で、戦後は女子美術大学で洋裁教育に力を入れる。洋服のデザイン、縫製、製図など全てにわたり、最先端のヨーロッパ理論を伝えた。一九三七（昭和十二）年、英国ジョージ6世の戴冠式に、天皇陛下のご名代として参列する秩父宮、同妃殿下の随行員として渡英。妃殿下の衣装を担当する。英国宮中服研究の便益を賜る。一九八二（昭和五十七）年、八十六歳で永眠。

一九九〇年　インド

ウダイプールの予感

Life Begins at 40！――人生は四十歳から始まる

ある日、ニューヨークのユニセフ本部勤務だった英美から、インドへ転勤したことを告げる電話がかかってきた。今回の仕事は国連ユニセフの代表として、四百人のスタッフを束ねてインド全体をフォローする重職なのだという。ユニセフではこれが最大のフィールドだそうで、女性初となる起用だった。

彼女は「私がインドにいる間に遊びにおいでよ」と誘ってくれた。

こういう誘いでもなければ、私がインドを訪れることなど一生なかったに違いない。六〇年代のヒッピームーブメントがまだ頭の片隅に残っていた世代でもあり、インドと聞いてすぐに、リュックを担いで放浪の旅をする若者像が浮かんだ。かつて話題を呼んだ藤原新也の著書『インド放浪』（朝日新聞社発行）も蘇る。インドに行けば人生が変わる？　それは絶対にないと思ったけれど、私は彼女の誘いを受けることにした。

一九九〇年の一月十四日深夜、私はニューデリーの空港に着いた。英美が出迎えてくれた。

結果を先に話すと、このインド旅行で、私は〝きっと新領域の創刊編集長になれる！〟と確信するきっかけを掴んだ。心の深いところで資格が持てたように感じられたのである。実際のところ、編集長になるのに資格などはいらないのだけれど、漠然とではあるが、自分が創り出すであろう世界では、編集長たるもの〝どんな場面でも物怖じしないだけの見聞、体験が必要〟と決めてかかっていた節がある。未体験ゆえに持つ文化的コンプレックスは、ないほうがよい。

なにせ、日本は雑誌大国。当時思いつくほとんどの領域で、それぞれをカバーする雑誌は存在していたのだが、それでも私はどうしても、新雪を踏んで前に進んでいくような、新領域での創刊編集長になることにこだわっていた。同時に、東京で日夜働く自分の私生活&仕事の限られた世界と、自分が思い描くイメージ世界の広がりとの間には、常に妙なギャップがあるような気がしていた。

映像として何も形を成さない想像上の未来とは、実におかしなものではあるが。
自分が納得するものを自分の手で創り出す、無から有を生む起点には、インドで手にした入り組んだきっかけの数々がちりばめられた物語があった。その真ん中に、何かを強く求め続ける自分がいたことが、ホログラムのように浮かんでくる。
振り返ってみても、怖いもの知らずの四十代とは、ある意味人生の黄金期である。

LIFE BEGINS AT 40！

人生は四十歳から始まる、これは英国でよく知られたことわざだそうだ。

まず、ニューデリーへ

旅支度はカジュアルにはならなかった。朝と昼の寒暖差は二十度以上はあると知らされていたので、ライナー付きの革ジャンや、なぜかシルクのスーツを母に仕立ててもらって持って行った。予感でもあったのだろうか。そのほか、十日分の衣類はビジネスウェアに近いものを中心にした。本当に芝居じみているけれど、このインドの旅では藤原新也とは全然違うものを見たいと思っていた

インド・ウダイプールにあるシティパレスの威容（近影）。上層階の一部がホテルになっている
写真提供：Media Office, The City Palace, Udaipur

ので、まずはスーツケースの中身から意思表示をしてみたのである。

英美が考えてくれたインド旅行のスケジュールは、こうだった。週末を利用して二人でウダイプールにあるマハラジャの住む城、「シティパレス」に行く。この城は、一部がホテルになっている、いわゆるマハラジャホテルで、ここへ二泊三日の小旅行をする、それ以外は、毎日アメリカンエクスプレスの車をチャーターしておいたから、どこでも好きなところへ行っておいでよ、とあっさりしたものだった。あと一日は一人で列車に乗ってタージ・マハールを見てきたら？　切符は買っておくから……私にはこれだけで十分だった。最高のアレンジだと思った。

車のチャーター代は、思ったより安かった。おまけに安全だし、さらには〝運転手付きの車で自由にどこへでも行く日本人女性編集者〟にフランクな空気でも感じたのか、会う人みんな〝仲間〟のように接してくれた。上にも下にも見られず、同等な感じが心地よかった。

ニューデリーの市内観光はまず、美術品や宝石を扱うギャラリーを経営するヴィレンドラ・クマール氏を訪ねた。この男性は、外国航路の客室乗務員をしている友人から紹介してもらったのだが、この訪問をきっかけに、やがて新雑誌につながる人脈が広がっていったのは、本当に幸運だった。

マハラジャへの紹介状をもらった

私はインド到着四日目で、「シティパレス」の主であるマハラジャ、アービンド・シン・メワール氏への紹介状二通を手にすることができたのである。思いもよらぬことだった。書いてくれたのは、前述のクマール氏の知人である二人の女性たちだった。一人は映画関係の仕事を持つ、チャムンディ・バジさん。もう一人は、現在もインドのジャーナリストとして第一線で活躍している編集長マルビカ・シンさんである。当時、マルビカさんは、ビジネス誌からダンス誌など、幅広い出版物を抱えていた。

彼女の編集室を訪ねた思い出は楽しい。

スタッフは全員女性で、みんなサリーを着てデスクに向かっていた。華やかな仕事場だった。私は編集長のマルビカさんに話しかけた。

「こんにちは、あら、皆さん女性なのね。私の所もよ」

「あら、東京でもそうなの？　なぜ？」

「だって、女性だけだと気がおけないし、みんなよく働くし」

すると、編集スタッフみんなが、くるりと私の方を振り向いて、

「そうだ、そうだ、その通り……アハハハハ」（笑顔がいっぱい！）

東京からやってきた私の話に、みんなが聞き耳を立てていたことが面白かった。

チャムンディさんとマルビカさんは仲良しで、翌日私がシティパレスに行くと話したら、

「アラ、あそこのオーナー、私たちのクラスメートよ。紹介状書いてあげようよ」

編集長のMalvika Singhさん（近影）

「グッドアイデア！　私も書く。彼はマハラジャだからね！」

こんなノリで早速紹介状二通が出来上がったのである。

その日の夜、翌日からの小旅行の準備をしながら、英美にその紹介状を見せた。

「？？？　何それ、大丈夫？」

と言われた。英美のフォーマルな世界では、私がどこか訳の分からないところで出会った相手からもらった紹介状に効力があるとは、とても考えにくかったのだろう。でも、とりあえずホテルに着いたらフロントに出すだけ出してみよう、と言ってもらえた。そういう紹介状に添えて出す文面も、英美のアドバイスがなければ思い浮かびもしない。必要最小限の情報とマナーをわきまえた言い回しに、ホーッ！　とため息が出た。自分一人では手も足も出ない世界のように感じた。

そのとき、新領域の編集長になれると感じた

シティパレスは、ピチョーラ湖を眼下に見下ろす壮麗な城だった。ピチョーラ湖は人民救済のた

めの干ばつ対策として造られた人工湖である。湖の真ん中には小さな島があって、レイクパレスと名付けられた、それはそれは可愛い宝石箱のような離宮が建っている。あとで聞いたことだけれど、ここはジェームズ・ボンドが大活躍する一九八三年の映画『007オクトパシー』のロケ地でもあったそうだ。

ホテルの部屋のバルコニーに出た私たちは、その眺めの素晴らしさ、美しさに思わず手を取り合って歓声をあげた。イスラム様式の装飾的なアーチに縁取られたレイクパレスはまるで絵のようで、輝く陽光の中をオウムの群れが飛んでいた。あの極彩色の羽の色は今も目に焼き付いている。

その瞬間、私の脳裏に浮かんだのが、数か月前に創刊された旅の雑誌『Gulliver ガリバー』(マガジンハウス発行)だった。特集の一つが、楽園の写真家・三好和義撮影の「マハラジャ・ホテル――マハラジャの美の引力は、時代を経て人を引き寄せる」で、あの記事を見たとき、二年前にニューヨークのメトロポリタンミュージアムで見た展覧会の世界が、この世に今も実在していることを認識させられた。私はため息をつきながら、力のある出版社とはこんな途方もない世界にロケをして記事を作るのか、と手の届かぬものが厳然とあることに、同じ編集畑で働く者として少し凹みながらページをめくっていた記憶がある。

私は目の前の風景を眺めながら、ハッとした。もしかしたら、あのガリバーの写真はこのシティ

私が宿泊した部屋のバルコニー。ピチョーラ湖とレイクパレスが眼下に（撮影：八木）

パレスの、この場所、この同じバルコニーから撮ったのではないかしら？

実際、まさにその通りだった。そのときまで、ガリバーの特集にあった「シティパレス」の名前は記憶から欠落していたのだ。私は、あの幻惑された、手が届かないと思い込んでいた世界に、今立っているのだ……。すでに頭の中から高い壁は消え失せていた。

そのとき、私は新領域での創刊編集長になれると予感した。


良くも悪くも（というか、困ったことに）、私の仕事のやり方は、常に直感を優先し、時代のトレンド分析、読者ニーズの分析、人口動態、人口ピラミッド、表現方法における成功例のデータ確認、などなどの雑誌界のイロハは存在しないに等しかった。実に危うい。雑誌はたくさんの人たちが関わって作るもので、当然採算がとれるかどうかを第一義に考えて企画は進められるものなのだ。出版社に勤める社員みんなの生活に関わることだから。ゆえに雑誌を支えてくれる業界の存在は何より大事で、当時、広告なしで採算がとれている雑誌は『暮しの手帖』くらいではなかっただろうか。私の考えの甘さ、編集手法のわがままさは、今にしてみれば恐ろしいほどで、そもそも〝新領域〟に業界はない。広告を出す企業は存在していない。当然である。それでも私は、自分が読みたくなる雑誌を作りたかった。

その頃の私は、読者アンケートというものに、ちょっと疑問を持っていた。

「あなたはこの雑誌にどんな企画をお望みですか?」……実用のハウツー本ならこれも成り立つかもしれないが、毎日の生活の中で、なんとなく新鮮な刺激を欲している読者に向かって問いかける場合には、こうした質問にあまり意味はないと感じる。一般読者から返ってくる答えに編集者が応えるとしたら、読者の想定内で収まる記事に終わる可能性もある。雑誌はマンネリズムに陥るか、あるいは読者の意に沿っているようでいてどこか違う、消化不良の企画になるに相違ないと思い込んでいたのだ。

読者が本当に求めているのは、自分が想像もしなかったものだけれど、誌上で見せられたら、「これだ! まさにこれが自分の求めていたものだ!」と感じるものだと信じていた。編集者というものは、まだ文字にも声にもなっていない、時代が孕む空気感を形にする仕事ではないだろうか。人々が意識下で求め、その抱え込んだ望みを静かに育てて、今まさに誕生の機を待つ――そんなものを探り当てたいと夢見ていた。

マハラジャホテル・夢の続き

最初の夜、ディナーの後に中庭で民族音楽の生演奏を聴きながら、英美と二人でお酒を飲んでいた。そこへ、慇懃で品格漂う男性がやってきた。

「Her Highness ……が明日十一時半に八木様とお友達をお茶にお招きしたいとおっしゃっていますが、いかがいたしましょうか？」

どぎまぎしている私をやんわり促して、英美は私にハイと受け入れを表明させた。素早く、〝奥様が招いてくださってる〟、と訳してくれたのである。さらに後から追加して説明してくれたことには、マハラジャは現在ロンドンに行っていらっしゃるので、代わりに奥様がお会いになります、ということであった。現代のインドにおいても、このシティパレスではマハラジャご夫妻をHis Highness（殿下）、Her Highness（妃殿下）と呼ぶ世界なのであった。初めて耳にする単語だった。

シティパレスはマハラジャご一家が暮らす城であり、その城の一部の区画がホテルとして使われている。翌朝、迎えの車に乗ってマハラジャのもとへと向かった。太陽と顔をデザインした巨大な黄金の紋章が付いた入り口をくぐって中に入り、そして湖を望む庭に面したホールでマハラジャ夫人と握手をした。

「こちらにはどのような目的でいらしたのですか？」

「はい、マハラジャワールドとモダンインディアを見に来ました。ニューヨークで見たインド展と詩人のタゴールがインドへの夢を与えてくれました」

（とっさにこういう答えが浮かんだ自分にびっくり！）

「まあ、それではさぞがっかりなさったでしょう？」

「イエイエ、私の心は毎日ジャンプしています！　インドは素晴らしい国、最高に美しい……」

「まあ、ホホホホホ（笑）」


マナー正しく、クイーンズイングリッシュを使いこなす英美には、私が発する一言一言がハラハラだったことと察する。彼女は私を立てながら、ボロが出ないように最高のアシストをしてくれた。その要訳はごく短く、それでいて明快で、舌を巻くタイミングだった。私の英語は単純な言葉を並べて、そこにちょこっと自分の色が付いてしまう、変な言い回しをする。下手である。

この後、城の中を案内していただき、一時間ほどの会見は終了した。

こうしてわずか十日間だったが、数え切れないほどのドキドキする思い出を胸に刻み、私のインド旅行は終了した。

マハラジャパレスは、いうまでもなく異次元の感動を与えてくれたが、そのほかにもインドの美の記憶は尽きることがない。鮮烈だったのは、早朝に出かけた大統領府の乗馬クラブであった。そこで目にした若い近衛兵たちは、皆、彫りの深い容貌と伸びやかで力みなぎる肢体に恵まれていた。真っ白な制服に身を包み、頭上でプリーツ状にたたんだ紫色のターバンを後ろになびかせながら、疾走する白馬にまたがり、私の目の前を駆け抜けて行く。朝もやの中に遠く消えて行ってはまたやってくる。あのように美しい訓練シーンというものを、私はほかに知らない。その上、乗馬クラブでは大きなクジャクがゆったりと歩きまわり、時折、華麗に尾羽を広げて己の姿を誇示する。私はインドの美意識に圧倒されていた。インドは色彩の王国であり、この国を訪れた記憶は鮮烈で、決して色褪せることのない印象を残した。

ロンドンへの招待状が届いた

そして、二通の紹介状は、さらに素晴らしい効力を発揮してくれた。

夫人との会見から半年後、マハラジャのアービンド・シン・メワール氏から、出版記念パーティへの招待状が、東京・台東区のマイルーム出版（私が独立前にいた編集プロダクション）に届いた。会場はロンドンにある英国のナショナル・トラストが所有するレイトンハウスで、出版物の内容は、メワール家の歴史と所蔵する美術品に関する二冊の本だと記してあった。

ロンドンには行ったこともない。英国も初めての国だ。次から次へと湧き上がってくる不安と気後れをエイヤッと無理やり払いのけて、編集業務が最も忙しい時期だったが、一九九〇年六月、二泊四日の予定でパーティに出席するためだけに飛行機に乗った（この旅は編集長の出張扱いで、会社が費用を持ってくれた）。

インド旅行から半年後の英国行きが、『ビズ』創刊までの〝私にとってのグランドツアー〟総仕上げの旅となった。三年間で四か国、アメリカ、フランス、インド、英国を訪れた中で、当たり前だけれど、国境を越えると想像もできないくらいに異なる文化が現れることを肌で感じた。いずれも編集業務に支障がない短期間の旅ばかりだったけれど、私はちゃっかり目的にたどり着くことができた。

私はロンドンで、新雑誌のバックボーンになるメインテーマを、ようやく見つけることができた。

一九九〇年　ロンドン

空港のカフェで創刊誌のテーマを決めた日本中をガーデンでいっぱいにするぞ！

これまで訪れたニューヨーク、パリ、ニューデリー&ウダイプールでの私は、日本人水先案内人付きのラッキーな旅行者で、旅程の中での少々の冒険も、今にして思えば旅のスパイスのようなものだった。でも、今度はそうはいかない。英語の本丸の国で開かれる、しかも多分ハイソな人たちが集まるパーティに、何もかも初体験のこの私が、一人で飛び込もうというのである。何度も書くけれど、私には流暢な英語は話せない。また、招待してくれた人と私は、参加しなければ義理が立たないというほどの関係でもない。でも、発展途上人であることを自覚していた私は〝参加〟を選択した。

当時我が家には、国際弁護士を目指すドイツ人が週一で英語の先生として来てくれていた。交換留学生として東京大学に通っている、キッチリとした若者だった。彼は私のロンドン行きを強く勧めてくれて、自分の叔父さんがロンドンにいるから、パーティのエスコートをしてくれるように頼んであげると言ってくれた。

やがて、その叔父さんから、当日私が着るべきものはシンプルドレスと、ドレスコードの指示が来た。服はロイヤルブルーのシルクで母が作ってくれた。真珠のネックレスとブレスレットは、当時仕事がうまくいっていた夫が大枚叩いて買ってくれた。まわり中の人が協力して、私をたった二泊の英国旅行に送り出してくれたのだった。

エスコートをしてくれた方は、アーサー・パーシバル氏。当時シビック・トラストという組織を運営していたが、仕事の内容は厳密にはよく知らない。自然体で親切で、あったかい人柄だった。会場は、室内だというのに噴水があり、おまけに生きたクジャクまでいたのにはびっくり。ここで、初めてマハラジャのアービンド・シン・メワール氏にお目にかかれた。奥様とは再会となった。このときのパーティについては後日、英国の新聞に、お伽《とぎ》話風の論調で、やや皮肉めいた記事となって掲載された。

パーティの話はこれでおしまい。会場や集まった人々の豪華さはさすがだったけれど、東京で行われる出版記念パーティと基本的には変わらなかった。ただ、このパーティは、私にエスコート役のアーサー・パーシバル氏との出会いの場をつくってくれたという意味で、エポックメイキングなものになった。

飛行場で雑誌コンセプトをつかむ

旅の成果は、帰国の飛行機を待つ空港で、見送りに来てくれたアーサー・パーシバル氏と交わした会話にあった。コーヒーを飲みながら、彼は何気ない世間話のように、英国の庭園界の話を始めた。わずか三十分にも満たない会話が、やがて日本にガーデニングという新しいライフスタイルをもたらす、大変重要なきっかけを与えてくれたのである。

アーサー・パーシバル氏は、こんなふうに話し始めた。

「あなたは、英国中で行われているオープンガーデンをご存じですか？」

「ン？　オープンガーデンって何ですか？」

「オー、ご存じない！　それは全国の何千という庭主たちが、自分の庭の一番美しい時期を選んで、数日間、一般公開することです。英国の庭園界を代表する催しの一つで、オープンガーデンの日には、庭の入り口で、お客様から少額の入園料をいただき、そのお金をまとめてＮＧＳに寄付するのです」

　また耳新しい単語が出てきた。

「ＮＧＳ？」

「失礼。National Gardens Scheme といって、オープンガーデンを束ねている組織です。毎年、何億円もの寄付を集めているチャリティ団体なのですよ」

「英国ではガーデンが組織されている！　ガーデンがチャリティと結びついている！」

　幸運なことに、私の直感は、この話の核心部分を理解した。

「もっと言うなら、高齢者もガーデニングという趣味を生かして、社会貢献ができるところが素晴らしいのです。この歳でも人の役に立てる、世の中の役に立てると実感できることは、とても大切だと思いませんか？」

ガーデンとガーデニングという単語は、私にはすぐ理解できた。それでも話が核心に触れたと感じた私は、自分がきちんと話の内容を理解できているかどうかを、自分流の英語に置き換えて相手に確認した。

「英国では、きれいなガーデンを作って生活を楽しむだけではなくて、その奥に、人生観に関わる仕組みまである。ガーデンには社会性がある！　なんて素敵なアイデアなの!!　英国、スゴーイ!!」

アーサー・パーシバルさんは続ける。

「人は皆、褒められると嬉しいものですよ、素直に。ガーデニングを続けて、丹精して見事に咲かせた花をたくさんの人に見てもらえる。そして、笑顔と賛辞と尊敬まで得られる。苦労が報われるのです」

これだ！　これこそ人間の本能を満たす仕組みではないか！

「日本は、もうすぐ老人だらけの国になります。私の家族も皆長生きで、丈夫で、高齢者の生き方にはとても関心があります。ガーデンって、未来の光だわ!!」

私はこの瞬間、ガーデンとガーデニングという、自分が求めてきた新雑誌のテーマをつかんだのである。

こうして、新しい雑誌ＢＩＳＥＳの「新領域」は決まった。それはガーデンであり、ガーデニングを楽しむ生活とした。自分の部屋から一歩外に出たところにある〝ガーデン〟を取り込んで、『私の部屋』で馴染んできた生活空間を広げてみよう。今までよりも、より自然志向を強めて、気持ちのよい暮らしを提案していこう、そう決めた。

なぜ、ここでチャリティを前面に出さなかったのかというと、日本でお金をもらえる個人邸のガーデンが成り立つ可能性は極めて低いと思ったからだ。でも、ガーデンに社会性を付加するＮＧＳの存在が、私が決断する決め手になったことには変わりない。なぜなら、雑誌の主たるテーマには、ちょっとやそっとでは到達できないくらいの奥行きが絶対必要だからだ。高くて遠い、輝く目標があれば、何年もコツコツとその目標に向かって歩を進めることができる、と思った。ただし、入り口は身近なところにあることが望ましい。ガーデン&ガーデニングは、例えば、鉢植え一つからでも始められる。

ここで、文字表現上、こだわったことがあった。それまで使われてきた庭、庭仕事、庭づくりという言葉は、基本的には「ガーデン」「ガーデニング」とカタカナに置き換えて、〝日本庭園〟や〝園芸〟が想起させる世界とは明確に一線を引くということ。我が国には世界が認める日本庭園という庭の様式が確立されていて、〝鉢物園芸〟に絞ってみても、伝統技は驚嘆に値する高さを誇っている。職人、つまりプロの領域が見え隠れする世界で、私たちの日々の暮らしで、心潤す生活感や親しみ感があまりないと感じていた。伝統の庭領域のルーツは、どちらかというと男性側にあるのではないだろうか。私は、自分で手入れをし、彩りを楽しみ、収穫を喜ぶ、生活者としての女性的側面で、ガーデン&ガーデニングを育てていこうと思った。日本庭園には花が少ない。そう、花咲き乱れるフラワーガーデンをたくさん紹介していこう、コンセプトと映像が一つに重なり、『BISESビズ』のビジュアルが目に浮かんだ。

帰途につく機内では興奮していたはずだけれど、まだまだ考えがまとまっていたとは思えない。しかし、『私の部屋』創刊二十周年以降の計画は、希望の灯火となって私の胸中にともった。創刊編集長の第一関門は突破した。

一九九二年　創刊

試練はこの日から始まった

一九九二年、この頃は日本の雑誌業界にも勢いがあった。出版社は経済効率より、編集者のヤル気に未来を賭けてくれた。創刊に際しても、多くのリスクを覚悟しながら、ゴーサインを出してくれたのだと思う。しかし、私の新雑誌は、構想は固まったものの、創刊準備に手をつけ始めた瞬間から、問題は山をなしていた。どれも全て分かっていたこととはいえ、現実の高い壁に潰されそうだった。

創刊を決める会議は大変だった。

こんな狭い日本のどこにガーデンを作れる住宅地があるのか？
日本で需要があるとすれば、せいぜいベランダガーデンが関の山！
創刊号のガーデン写真はどこに行けば撮影できるというのか？（会議は晩秋だった）
業界すらない領域で、どんな企業がガーデン雑誌に広告を入れてくれるのか？
試算によれば、広告は三十ページ入らなければ赤字になるが……？
ところで、読者層をどのように設定するつもりか？

もっともな質問の数々に、重役たちが納得するような答えを返せない編集長（※）がいた。さらにこの会議の席上で編集サイドからの要望がもう一つ加えられた。
「二十一世紀を見据えて、農薬を使わない有機栽培のガーデニングを基本とする」
農薬の広告掲載を固辞したのである。

（※）当時、『私の部屋』は、編集プロダクションの「マイルーム出版」で企画・編集の全てが行われていた。私はこの会社の編集長で、『私の部屋』関連の企画は私の責任で版元の婦人生活社に提出されていた。

〝自分の考えた新しい雑誌創刊〟に燃えていた私ではあったが、実はこの頃、版元の婦人生活社から編集側に、創刊二十年を機に『私の部屋』のリニューアルを求められていた。もちろん部数の伸び悩みを抱える現状の改善というわけだが。会議では、私が強く望む新企画『ＢＩＳＥＳ ビズ』についてのさまざまな問題の打開策として、また同時に、『私の部屋』のリニューアル案として二誌の合体策が打ち出された。雑誌タイトルは『私の部屋ビズ』とし、タイトルロゴはＢＩＳＥＳを使う、となった。

一見、丸く収まったかに見えたこの換骨奪胎ともいえるリニューアル劇は、それまで長年にわたって『私の部屋』を愛読し続けてくれた読者に衝撃を与えることになってしまった。編集者としての矜持を問われかねない、辛い日々が始まる。

リニューアルとはいうものの、中身は創刊であった。

〝イングリッシュガーデン〟という新しいカテゴリーを巻頭に据え、カメラマンやライターに新メンバーを起用した。英国でガーデンフォトグラファーとしての地位を確立していたアンドリュー・ローソン（Andrew Lawson）氏とジェリー・ハーパー（Jerry Harpur）氏のトップ2が、継続的な写真提供を確約してくれた。世界の最先端で活躍する人たちとの仕事には未体験の緊張が伴いはしたが、阿吽の呼吸が功を奏したときの感動は計り知れないほど大きかった。

そこには、『ビズ』の編集をスタートするにあたり、初めて起用が許されたアートディレクターの存在も大きく作用した。日本でトップクラスといわれた長友啓典氏（K２・ケーツー）である。彼は、〝甘く可愛い〟写真よりも、新世界を切り開く堂々とした強い写真をまずメインに据えた。それまでの『私の部屋』のテイストを表す形容詞の一つだった〝永遠の少女趣味〟は、『ビズ』では完全に影を潜めたのだった。

私の部屋ビズ
BISES
1992夏号
NO.1
新しくしました。
気持ちのいい、
「私の部屋」
イギリスの花の庭を語ろう
『私の部屋ビズ』創刊号表紙

仕様は、艶のある高価な用紙を使ったグラビア印刷。水や光の透明感、緑や花色の質感や彩度を再現するのには最良の印刷方法である。ただし、これまでの定価九百十円から、一千二百円へと大幅な値上げを余儀なくされた。ずっしりと重量感のある雑誌が誕生した。

創刊日が来た

シーンと静まり返った編集室に鳴った電話は二本だけ。一本は創刊号にご登場願ったナチュラリスト・二部治身さんで、もう一本が写真家の小瀧達郎氏だった。二人はやや声を弾ませて、いい雑誌ができたねと喜んでくれた。

翌日からは、もう散々だった。

長年『私の部屋』を愛読してくださっていた読者は、裏切られたと感じたようだ。特に、パッチワークに代表される手作りを愛していた方々には、大きなショックを与えてしまった。何せ、全体の八割もの読者に支持されていた手作りページがバッサリと切り離されてしまったのだから。それからしばらくの間、編集室は地獄のようだった。編集長は鬼じゃないか、誰のためのリニューアルか……毎日届く抗議のハガキは一千通にも及んだ。自分はなんてことをしてしまったのだろうと、ひどく落ち込み、後悔の念に駆られた。編集スタッフたちに私がどんな言葉で語りかけていたのかは、全く思い出せない。

発行部数も号を追って下がっていった。

『私の部屋』は、部数低迷とはいっても実売五万部前後を保っていた。それがリニューアル後は、

1号、2号、3号、と急激な下降線をたどり、ついに4号を出した一九九二年の冬には一万五千部まで落ちていた。さすがに、もはやこれまでと覚悟を決めかけた。さらに追い討ちをかけるように、それまで共に頑張ってきた副編集長が、先の見えないトンネルをこれ以上は走れない、と辞表を出してきた。

私は編集長として責任を感じ、申し訳なさでいっぱいになった。

ところがである。こんな状況にもかかわらず、版元の婦人生活社からは廃刊、休刊の類の噂は聞こえてこなかった。

理由の一つが、新雑誌『カントリークラフト』の躍進だった。『私の部屋ビズ』スタートと同時に創刊して、『私の部屋』から切り離された手作り部門の受け皿としたのが成功したのだ。秋間三枝子編集長は『私の部屋』を彷彿とさせながらも、より大衆性を加味したラブリーな誌面を作った。当時の『私の部屋ビズ』が描いた下降線と『カントリークラフト』の上昇線は、綺麗な対称形を描いていた。

のちに、婦人生活社社長の原田邦穂氏が語ってくれた。当時、『ビズ』の廃刊や休刊を考えなかった理由は、開拓を始めた新領域のガーデン&ガーデニングに共鳴する読者の声が少しずつ強くなっていたからだったと。〝こんな雑誌を待っていた〟、〝自分は花や緑が大好きです〟、〝ガーデンを作りたい〟との声を聞いて、これはいつかどこかで化けるのではないかと感じたそうだ。

一九九三年の早春、『私の部屋ビズ』は、5号発売を機に大逆転へと転じた。

創刊時、一九九二年の社会状況について

ここで『ビズ』が、日本の出版業界のどのような状況の中でスタートしたのかを見てみようと思う。

東京新聞（二〇一九年一月八日）がまとめた「データが語る平成の30年」と題した大きな記事がある。住宅ローン、携帯電話、非正規労働者、などなどのジャンルが解説付きのグラフで表されている。その一つに〝出版〟もある。平成元年の一九八九年からビズ・リニューアル創刊の一九九二年を挟んで、ガーデニングがブームのピークを迎えた一九九七年まで、出版界は右肩上がりの上昇の波に乗って、そして高みに到達していた。まさにこうした好況を示すグラフそのままに、『私の部屋ビズ』は、ガーデニングブームを巻き起こしながら、部数を上げていったのである（同データ

には、やがてこの頃からインターネットやゲームなどデジタル系の娯楽が台頭してきて、出版界の不況が始まった、とある)。

では、海外はどうであったか。

一九九二年五月、『ビズ』がスタートした同年同月に、世界中に読者を持つアメリカの雑誌『NATIONAL GEOGRAPHIC』(ナショナル・ジオグラフィック)がガーデニングの大特集を組んだ。三十ページものページを割いて、〝ザ ギフト オブ ガーデニング〟と題し、花の庭、野菜畑、日本庭園などを舞台に、審美的な視点というよりは質実でリアリティのある文章と写真で、土に親しむ人々の様子をレポートしていた。レポートの基底部には戦後生まれのベビーブーマーたちが大地の中の命に思いを致す年齢に達したことをあげている。そして、ガーデニングは心身ともに良い影響をもたらすアウトドアのレジャーとして人気が高まっているとしていた。

『ビズ』の読者層も、まさにこの年齢がコアになっていたのである。

第二章　快進撃の始まり

異次元の美を見せる世界の名園特集

完全リニューアルとなった誌面の巻頭を飾ったのは、二人の英国人ガーデンフォトグラファーの写真だった。

英国庭園を中心に、彼らの取材・撮影は世界に広がり、新鮮な驚きを巻き起こした。

創造性豊かなガーデンが、どれほど人々の心を捉えたことか。

しかし、その広大さと芸術性、目新しい花々は、

日本人の生活に受け入れられるのだろうか？

1　モネが残したもう一つの芸術
ジヴェルニーの庭

印象派の画家モネが作った自邸ジヴェルニーの庭のことは、今や日本を含め世界中の人々がよく知っている。モネの没後、半世紀もの長い間忘れられていた庭が、四年をかけて復元され、一九八〇年にオープンした。開園当初は入園者数を七千人と予想していたところ、なんとその年八万三千人が訪れたそうだ。開園から間もなく四十年を迎える二〇一八年には、その数六十九万六千六百三十六人にも及んでいる。

二〇一九年の四月、パリに住む荒井好子さんからメールをもらった。荒井さんは長年にわたって『ビズ』にパリ情報を送り続けてくれたジャーナリストである。メールは〝ジヴェルニーのモネの庭から「プレスご招待」が届いたので、久しぶりに行ってきました〟とあった。近年、モネの庭はあまりにも人気が高く、その人数に対応するために少々リニューアルの必要が生じて、今回のご招待は、その工事が終了したお披露目だったそうだ。

プレスの人たちへの日頃の感謝の意味でのお招きとか。美味しいランチ付きだったそうだが、「特に記事にしていただかなくて結構です」と、あくまでもエレガントな会だったと書かれていた。リニューアル後の写真も添えられていたけれど、モネの庭は変わることなく花の彩りにあふれた夢の園であった。荒井さんからの報告にある財団法人クロード・モネから報道関係者への資料には、こんな一文があった。

〝印象派の巨匠が歩いた所を歩き、その庭で巨匠のキャンバスを想像するとはなんという恩恵だろうか！　巨匠を理解し、彼のインスピレーションの源泉を捉えるために、ジヴェルニーに巡礼するのは何ものにも代えがたい喜びである。ジヴェルニーの庭はアーチストのパレットの鏡であり、モネの自然の作品の一つに見えるからだ。〟

画家モネは四十三歳のとき（一八八三年）、パリの北西、六十九キロのところにある美しい田園ジヴェルニーに移り住んだ。そして八十六歳で亡くなるまで、ここに四十三年間暮らした。自分で作り上げた自宅の庭をモデルにして名作をたくさん描いたが、中でもモネの代名詞ともなった睡蓮の絵は三百点ほどもあると聞く。オランジュリー美術館にある全長約百メートルに及ぶ超大作もまた、池の水面を見つめ、睡蓮をはじめ、池の端の柳の影や流れ行く白雲の反映を捉えた作品である。

『ビズ』では、創刊して間もない一九九三年の一月に「モネが残したもうひとつの芸術――ジヴェルニーの庭」の特集をしている。当時、日本ではモネの庭の美しさはまだほとんど知られていなかったと思う。もちろん、モネは日本では最も人気のある印象派の画家だから、ジヴェルニーの彼の屋敷には日本風の太鼓橋のかかった池があることや、あの有名な『睡蓮』のシリーズがそこで描かれたことなどは、美術ファンにはよく知られていた。けれども、モネが庭づくりにどれほどの情熱を傾けたかということや、またその庭がどんなに美しいかということは、まだ知る人ぞ知るの世界だったのである。

全二十一ページにわたるこの特集は、モネの庭の日本における初めての本格的な紹介となった。反響は私たちが予想していたよりも、はるかに大きかった。

アンドリュー・ローソンの写真は、太鼓橋にしだれ咲く白や薄紫の藤の花を大迫力で撮影したもので、巻頭ページを飾った。続くページでは、モネの家が大きく写っている。ピンクの壁に明るいグリーンの鎧戸をもつたくさんの窓がロマンチックだった。家の前にはブルーのワスレナグサの群落の中から、ピンクや白のチューリップがツンツンと花首を飛び出させて、見たこともない可愛いガーデンシーンを完成させている。この写真にどれほど多くの読者が心を奪われたことか。翌年、編集部には〝私の家にもモネの庭ができました〟と何人もの読者から写真が届いた。皆、このワスレナグサとチューリップの組み合わせを真似てミニ・モネの庭を作り、楽しみながら写真に収めていたのである。この特集は、どのページにも花色が溢れ、ガーデニングの喜びが躍っているようだ。

アンドリューが捉えたモネの庭は、それまで日本で庭として考えられてきたものとは全く異なるものであり、そこに漂う詩情は、従来の日本の庭園美学では決して捉えることができないものだった。花々、樹木、水、土、そして人間の暮らしが渾然一体となった美しさ、当時の日本ではそれが一種のカルチャーショックとして受け止められたのだろうと思う。モネの絵が愛されたように、その庭もまた深く愛されたのである。

『ビズ』という雑誌のイメージは、この一九九三年早春号（5号）で決定的になった。モネの庭の特集を見て、なるほどこういう雑誌だったのかと、多くの人が共感してくれたのである。

売り上げもこの特集以後、急速に回復していった。実売数五万部だった創刊号から、八か月で一万五千部にまで部数を落とし、どん底にあった『ビズ』にとって、モネの庭の特集は、まさに九回の裏二死からの逆転満塁ホームランのようなものだった。奇跡のようだった。

モネの庭特集号から、表紙が写真に

「モネの庭」大特集は、各方面にインパクトを与えた。その一例は、遠く高知県の北川村の村おこしにも反映された。熱心な『ビズ』の読者が、この村にモネの庭を作ろうと提案して、実現の運びになった。制作時には、本家フランスのモネの庭から、庭管理責任者のジルベール・ヴァエ氏が訪れている。そして、ついに二〇〇〇年四月に「北川村モネの庭マルモッタン」がオープンする。二〇〇八年には、開園以来の入園者が百万人を達成したとある。最盛期には高知県一の観光名所になったと聞いた。住所は、高知県安芸郡北川村野友甲一一〇〇

フランスから正式に名称使用を許可された「モネの庭」である。

高知県のモネの庭に代表されるように、この特集掲載以後、日本各地に〝モネの庭〟人気が高まった。町おこし案として、観光のポイントとして、あるいはガーデンイベントの目玉として検討され、そしてあるものは実現した。ただ、ダイレクトな「モネの庭」という名称は、安直には使えなかったはずだが。

2　イギリスでいちばん美しい庭
ホワイトガーデン誕生の地、聖地シシングハースト

「モネの庭」特集から一年後、一九九四年の早春号は、シシングハースト・カースル・ガーデンの特集を組んだ。このガーデンの四季を撮り続けていたアンドリュー・ローソンからの企画だった。

「もうすぐ撮り終わるから、そうしたらＢＩＳＥＳで使うといいよ。英国でいちばん美しいガーデンだ。僕は撮影しながら興奮している！」

息づかいが伝わるような手書きのＦＡＸを受け取ってから、やや時を置いて編集部にＦｅｄＥｘ便が届いた。フィルムサイズは35ミリ、６×６（６センチ角）、４×５（縦横インチ）と大小いろいろ混じっていた。シーンによって何種類ものフィルムで撮影を重ねたことが分かる。

編集部では、いつも特集の写真全てを、東京・六本木に仕事場を持つアートディレクターの長友啓典さんのところに持ち込んでいた。写真のセレクトと各ページ構成は彼の領域、腕の見せ所である。大胆さと、時に意外さと、外連味《けれんみ》のなさが彼の仕事の真骨頂だった。長友さんは写真を前にして、いつもの穏やかな顔に満面の笑みを浮かべ、拍手せんばかりだった。デザイン室の一番大きなライトテーブルいっぱいに並べたシシングハーストの写真は、世界のガーデンデザイン界の超一級がどのようなものかを、私たちに伝えていた。

ロンドンの南部ケント州にあるシシングハースト・カースル・ガーデンは、世界的な名園としてよく知られていた。一九三八年に初公開されているが、記事が掲載された二十五年前の日本では、『ビズ』編集部を含めて、その存在を知る者はほとんど皆無に近かったのではないだろうか。広い園内にはいくつものタイプの違う美しいガーデンがあるが、特筆すべきは〝ホワイトガーデン〟で、このシシングハーストの代名詞にもなっている。刈り込まれた緑の生け垣の中に、いく種類もの白花と銀葉の植物だけを集めて構成した、ストイシズムに支配された庭である。背景には十六世紀に建てられたチューダー様式の丈高い塔が見える。〝香気を放つ白花の園、夢幻の世界を漂っているような心地になる〟と、記事には撮影者アンドリューの印象が綴られている。

ここから世界のガーデンに影響を与えた〝ホワイトガーデン〟は広まっていった。

地上に咲く花の色は無限にあるというのに、白一色に絞ったこの庭の創造主はいったいどんな人だったのだろうか？　好奇心を掻き立てるシシングハースト・カースル・ガーデンの扉を、〈ホワイトガーデン〉という鍵で開いてみよう。

ホワイトガーデンが表紙の11号

『ビズ』の表紙には、初夏のホワイトガーデンが使われている。大きな花笠のように仕立てられた謎めいた白バラのロサ・ムリガニーが中央に配され、手前にたくさんのカラーが長い茎の先に白花を咲かせている。その向こうに、二つの尖塔が聳えている。巻頭特集にはホワイトガーデンのほかに、代表的なイングリッシュガーデンとして構成された、シシングハーストの魅力を伝える写真がふんだんに使われている。

ピンク系のバラを中心にしたローズガーデン、オレンジや黄色など暖色の花々が生き生きとしたコテージガーデン、緑の野原のそこここに小花が揺れるメドウなど。また、数え切れないほどの球根花が小道の両側に咲くライム・ウォーク（並木道）も印象に残る。春まだ浅い季節、プリーチングと呼ばれる整枝法で枝同士が繋がって見える並木の作り方など、面白いガーデニング技術も示されていた。

世界に先駆けたホワイトガーデンを創った人の名は、ヴィタ・サックヴィル＝ウエスト（一八九二〜一九六二）である。英国有数の大邸宅、ノール・ハウス（Knole House）を居宅とする由緒ある英国貴族の一人娘に生まれ、幼い頃から文学を志した。生涯で小説や詩集五十冊ほどを残している。同じ時代を生きた女性作家、ヴァージニア・ウルフの幻想的な著書『オーランドー』（一九二八年出版）のモデルになったことでも有名である。この小説は四百年もの時間を語り継いでいく豊饒なイマジネーションを駆使した物語で、主人公は美少年から妖艶な女性へと変貌を遂げながら生きる両性具有の存在である。ヴィタとヴァージニア・ウルフとは同性愛の恋人同士でもあった。

ヴィタは一九一三年、二十一歳で結婚する。夫、ハロルド・ニコルソンは外交官で作家。著書『ジョージ5世伝』は明仁上皇の皇太子時代、帝王学のテキストに使われたことで知られている。ハロルドとの間には二人の息子が生まれ、生涯を通じ深い愛で支え合った。ヴィタとハロルドの風変わりで自由この上ない結婚生活については、次男ナイジェル・ニコルソンが両親の死後、伝記として出版した『ある結婚の肖像』に詳しい。夫婦二人がそれぞれに同性の恋人を持ちながら、色褪せない信頼と愛情で結ばれていたことは、この一冊を通読して初めて納得に近づけることであった。発売当時ベストセラーになったこの本では、当事者であるヴィタとハロルドの書簡が中心になっているが、解説部分には、二人が庭仕事を好み、田園生活に親しんでいたことも記されている。シシングハースト・カースル・ガーデンは、一九三〇年からハロルドが庭全体の骨格をデザインし、ヴィタが色彩計画とそれに沿った植栽を担当して作り続けた。ホワイトガーデンの着想は、彼女が雪降る庭で白い花を植え続けている自分の夢を見たから、とも伝えられているが、正確には分からない。ヴィタの没後数年を経た一九六七年、英国ナショナル・トラストがシシングハースト全体、関連する庭園、農園、建物を購入した。ここが代表的なイギリス式庭園の一つだからであった。

ヴィタ・サックヴィル＝ウエストの園芸書

一九九八年四月に『あなたの愛する庭に』がBISES BOOKS（ビズ・ブックス）シリーズとして、婦人生活社から出版された。これは一九五一年に英国で出版された『In Your Garden』の翻訳本である。内容は、ヴィタが週刊日曜新聞《オブザーバー》に連載し大好評を得た記事をまとめたものだが、園芸に対する著者のあたたかな眼差しが伝わる、優れたガーデニング文学になっている。

バラの品種を紹介するくだりでは、さすが文筆家の表現力と園芸家としての実践の強みを駆使して、独自の視点を印象付ける。さらに、この本には庭づくりの実践的なアイデアが盛り込まれ、読者の生活に沿ったお金の節約方法にまで言及しているあたり、熟年に達したヴィタの心境まで垣間見える。

本文の間に挿入されているのは、写真家エドウィン・スミスが十年間撮り続けたシシングハーストのモノクロ写真である。本全体に庭の静謐感が染みわたるようだ。

本書の帯には、ヴィタの文章を引用して、こう書かれている。

ガーデニングほど若さを保てるものはない。
どんな職業よりも人を若返らせる力がある。
なぜって、いつも来年のこと、
5年先のことを考えているのだから。(「1950年11月26日」より)

日本人の好みに合ったホワイトガーデン

イングリッシュガーデンが日本で紹介され始めてから、比較的早い時期にこのホワイトガーデンが『ビズ』に掲載されたことには、特別な意味があったと思っている。造園業に携わっていた人たちにとって、突然のフラワーガーデンの出現は、同時に庭園界に色彩の大波がやって来たことでもあった。日本庭園には基本的に花色の多色づかいはない。ガーデンを作ってほしいと依頼しても、当時の造園界には、花は扱いたくないという人が多かったはずだ。それゆえに、イングリッシュガーデンの新たなムーブメントは、苦々しく思われる部分もあったのではないだろうか。

そうした中でのホワイトガーデンである。予想以上に日本人の美意識に合ったようで、造園家の間にも、わずかながらイングリッシュガーデンに対する理解のきっかけが生まれたようだ。造園家数人から、ホワイトガーデンへの肯定的な感想を聞く機会があって、私はなるほどと納得し、少し安堵した。

「日本で何が起こっているのか?」英国園芸界の話題に!

シシングハースト・カースル・ガーデンの特集掲載号が発売された翌月、私は英国へと向かった。マハラジャのパーティ以来となる、二度目の渡英だった。『ビズ』もようやく進路がはっきりと決まったし、二人のガーデンフォトグラファー、アンドリュー・ローソン氏とジェリー・ハーパー氏と初めて顔合わせをするのが目的だ。これまでは、もっぱらFAXでのやり取りばかりだった。出発は一九九四年の二月十一日。小さな英語の辞書をバッグに入れて、緊張の一人旅であった。

写真家二人との話は別の章で詳述するとして、ここでは英国王立園芸協会(RHS)での出来事について触れておきたい。七日間の旅の終盤に、私はロンドンにあるRHSへの表敬訪問を予定していた。このときは、前もって園芸界に通じた日本人の方に通訳をお願いしていたので安心していたのだが、前日になって風邪をこじらせて同行は無理と、ホテルに電話が入った。英国園芸界の頂に君臨するRHSへ、ブサイクな英語と乏しいガーデン知識しか持たないこの私が、いったい何を話しに行くというのか?! あのときの一種異様な焦りは、その後の人生でもほとんど経験していないように思う。自分がものすごく浅薄に感じられた。でも、行くしかない。みぞれ降る中、RHS

の重厚な扉をノックした。

ＲＨＳの紳士を前に、自己紹介代わりに持参した発売間もないビズ早春号を開き、シシングハーストの特集ページをめくっていたときだった。

特集の最終ページは「イエローブック片手にイギリス庭めぐり――英国一般家庭の庭を訪れるチャンスがここに」と題した情報ページだった。一ページを使ってＮＧＳ（ザ・ナショナル・ガーデンズ・スキーム・チャリタブル・トラスト）発行のイエローブックについて詳しく説明していた。イエローブックとは、英国中の三千数百軒ものオープンガーデン情報を記載した黄色い表紙のガイドブックである。

記事では念入りに〝イエローブックの申し込み先〟として住所、電話とＦＡＸ番号も記載してある。これを目にしたＲＨＳの紳士は、飛び上がらんばかりに驚いて、「こ、これは、いつ発売されたのか？」と聞いてくるから、「はい、先月、一月十六日です」と答えた。

「あなたでしたか、原因は!!」

「？？？」

「実は、その日からです。日本からＮＧＳへ、イエローブックについての問い合わせや注文がひっきりなしに届いて、いったい日本で何が起こっているのだ?! と、今、大変な話題になっているのですよ!!」

そして紳士が付け加えたひと言は、「NGSはここRHSとは異なる組織であり、NGSの人からこのRHSへ問い合わせが来たということです。イギリス園芸界の話題になっていますよ」

いやはや本当に、人生には何が起こるか分からない。

私が何に驚いたかというと、『ビズ』の読者は英語で記された問い合わせ先に、躊躇することなく、オープンガーデン情報を求めて、本家・英国が圧倒されるような情熱でアタックしているという事実だった。それまでは海外情報が多い誌面作りに内心ビクビクしていた自分だったが、読者の行動力と知的好奇心の高まりを、現実より小さく見ていたことにショックを受けた。彼らにとって、もはや海外情報は生活圏内にあるのだ。そして、そうした認識を持たなかった自分に恥じ入りながらも嬉しかった。遠い目標だったはずのNGSも、イエローブックも、日本のガーデン愛好家たちにとって周知の事実となる日はもうすぐなのだ。ビズ読者たちの底知れない想像力と、直観力、そして行動力に歓喜の雄叫びをあげたくなった。素晴らしいアンテナを持った読者たちが育っている。日本でオープンガーデンが、もしかして始まるのか??

ほんの少しだけ気が大きくなった私は、帰り際に今後のことについて、ＲＨＳにちょっとした頼みごとをしたのだと思う。紳士はにこやかに、晴れやかに、「It's my pleasure !」と答えた。ソレハワタシノヨロコビデス、まぁ、この人、私の用事をするのが喜びだなんて、嬉しいじゃない？

このフレーズは、なぜかちゃんと覚えていて、帰国後英国人に話したら、「バカじゃない？　単なる決まり文句でしょうが……」と一蹴された。

シシングハーストのヘッドガーデナーの訃報

英国ガーデン界の頂点に立つシシングハースト・カースル・ガーデンには、ヴィタの晩年から没後の近年まで、パメラ・シュヴェルトともう一人シビル・クロゥツバーガー、二人の女性ヘッドガーデナーがいた。二人がこの庭を英国を代表する庭へと育てたと言っても過言ではない。
『デイリー・テレグラフ』に載ったパメラの訃報記事より、
ヴィタ・サックヴィル＝ウェストが採用した庭園管理長（ヘッドガーデナー）、パメラ・シュヴェルト（Pamela Schwerdt）が二〇〇九年九月二十五日に亡くなった。享年七十八歳。

ヴィタ・サックヴィル＝ウェストは一九五九年、パメラとそのパートナー、シビルの女性二人をシシングハーストのヘッドガーデナーとして雇った。ヴィタ六十七歳のときだった（ヴィタの享年は七十歳）。パメラとシビルの二人は、そのときから一九九一年にリタイアするまで、ヴィタの死後もずっとシシングハーストにとどまり仕事を続けた。シシングハーストは二人の力で二十世紀の英国で最高の賞賛と人気を誇るガーデンへと成長したのである。一九六七年にナショナル・トラストがここを購入する頃には、入場者数が劇的に増加を始め、ついに時間制のチケットを販売するまでになった。

ガーデンは生き物である。技術と感性、経験と情熱を持って日々管理していかなければ、たちまち変貌してしまうもの。パメラとシビルは、ホワイトガーデン、ライムウォーク、パープル・ボーダー（紫系の草花で構成された径沿いの花壇）など、ヴィタの特徴ある表現と構造を守りつつ、見事に美しい庭に育て管理しきったのである。パメラは二〇〇六年、ＲＨＳの最高賞であるthe Victoria Medal of Honourを受けた。ちなみに一九九〇年にはＭＢＥ（大英帝国5等勲爵）に任命されている。

デイリー・テレグラフの記事のおかげで、あの伝説の麗人ヴィタが現代に蘇り、『ビズ』とダイレクトにつながったような気持ちになった。実は二〇〇一年の九月に、私はパメラとシビルがリタイア後に購入した自宅を訪ねていたのである。他の庭では花がぐっと少なくなるこの季節、彼女たちの庭はたくさんの花が咲き実に美しかった。デイリー・テレグラフの記事では、「……ヴィタ・サックヴィル＝ウエストのもとで働き……」ときちんと始まりのところを書いてある。これで全てのことがつながった。貴族のヴェールに包まれた若き日のヴィタから、パメラたちの仕事、そして現代のナショナル・トラストの活動まで、一つのガーデンを中心に、自然を、花を、庭を愛する人たちのバトンリレーを見るようだった。英国庭園の歴史の一部が、自分の手の中に飛び込んできたような喜びを感じた（パメラたちの庭は、その後、アンドリューの写真で『ビズ』に掲載された）。

私自身のこと

①アカデミズムからファッションの流れの中へ

こうして『ビズ』の快進撃は始まったのだが、ここでちょっと私自身が『ビズ』にたどり着くまでのことについて触れさせていただきたい。

私は東京藝術大学の美術学部芸術学科で美術史を学んだ。卒業したところで就職先もろくになく、貧乏暮らしが目に見えているような学部である。それなのに、なぜ藝大を選んだのか。当時の私の頭の中には幅のある選択肢はなく、まことに困った我が家の血統みたいなものが進路決めに影響していたと思う。美校出の絵描きの叔父、女流画家への望みを断たれて早死にした伯母、ファッションデザイナーに憧れたものの、夢を断念してオーダー服を制作する洋裁店を営んだ母、それから生涯で二度だけ会ったことのある工芸家の父……みんな一様に〝美しいもの〟が好きで、お金には苦労した人ばかりという家系だった。そういう近親者を見ていたので、藝大には入ったけれど、四年できっちり卒業して社会に出て、自分で食べていくと決めていた。卒業した一九六九年、私は藝大同期の建築科を出たばかりの八木健一と早々に入籍。同年、出版社の婦人生活社に、正社員ではなく、嘱託として入社できた。〝藝大卒〟が敬遠されたと後から理由を聞いた。そこから現在まで、紆余曲折を経ながら、編集者の道をずっと歩んでいる。

今でも覚えている言葉がある。

就職が決まったとき、藝大の担当教授に雑誌の編集者になると報告したところ、「野に下るのもいいでしょう」と言われた。そのすぐ後、今度は入社後に配属されたファッション誌『服装』の編集長から、「今日からアカデミズムは捨てなさい」と言われた。この辺りで私の人生は、かなり大きな分岐点を迎えたのだと思う。ファインアート第一主義から、毎年のように美の基準が変わるファッションの世界へと、大きく舵を切ることになる。

でも、今思うのは、自分には母親の影響もあり、もともと両方の世界への深い愛着があったようだということ。途切れることなく、三十五年にも及んだ雑誌編集長としての自分の仕事を支えたのは、頭の中に二つの価値観が共存していて、その微妙なバランスの上で日々の仕事が成り立っていたのだと思う。アカデミックな美意識と、ファッション業界を動かす、一見変動する美の基準は、自分の中で器用にブレンドされていた。

この辺りが、雑誌界を生き延びていく、私の個性という力だったのかもしれない。

ファッション誌『服装』には一九六九年から三年半在籍し、一九七二年、ファッションインテリアというキャッチコピーで創刊した姉妹誌『私の部屋』に移籍（一九八二年からは編集長）。そして一九九二年『私の部屋ビズ』創刊編集長となり、以後二十五年間を過ごす。

②『服装』時代

『服装』全盛期は、ガリガリの細身を誇るモデル、ツイッギーに象徴される超ミニ第一世代として、編集者たちも皆、臆することなくミニスカートをはいて流行を煽った。アパレル業界が大躍進を始めた賑やかな時代だった。美人モデルが豪華に揃う大ロケも経験した。モデル同士のトップ争いにも居合わせた。人気抜群のファッションカメラマンは、派手な毛皮のジャケットにGパンを合わせるトレンディな（当時は）コーディネートでスタジオ入りし、注目を集める。人気スター・沢田研二の撮影も担当した（ああ、このとき、私はミック・ジャガーを知らず、ジュリー＝沢田研二のインタビューで大恥をかいた苦い経験を思い出す）。

四誌あった主要ファッション誌の中で、最もアバンギャルドといわれた『服装』だったが、やがてその座を譲ることになる価値観の転換期がやって来た。

専属モデルの秋川リサがモデル体型を維持できないほどに太り始めたときだった。編集責任者は、多分それを理由に専属契約を切ったのだろう。契約解除からさほど時間をあけず、創刊間もない『anan（アンアン）』が、秋川リサを起用して「リサでございま〜す！」のタイトルで特集を掲載した。サロペットを着た秋川リサは、〝これが私よ！〟とばかりに、弾けるような笑顔を見せていた。健康的で可愛かった。新鮮だった。このとき、『服装』は『anan』に負けたのだ。古いと感じた。以後、ファッション誌界は『anan』と『non-no』の時代へと移行する。

③『私の部屋』時代

隔月刊誌『私の部屋』は有名な建築家やインテリアデザイナーの〝作品〟が並ぶような雑誌ではなく、自分の部屋は自分らしく、創意工夫で自分らしさを表現しよう！　と呼びかける雑誌だった。創刊した一九七二年といえば、日本ではまだ個室を持つ発想も確立していなかった頃だ。何事も半歩先とばかり、時代を読んだ雑誌コンセプトには「個室を持つことで、自我の確立を得る！」というフィロソフィカルな一文が明記されていた。読者ターゲットは、二十代と若い。『私の部屋』は、インテリアのパイオニアマガジンとしてスタートしたものの、周りの関係者からは、いつネタ切れになるか、と心配されていた。面白い実例を探し出すには編集者の徹底的な人脈の拡大と特殊な嗅覚にでも頼るほかはない。編集者は取材力が命である。この編集部に移籍後、発表された次号企画で青くなったことを思い出す。テーマは「インテリア100のアイデア」で、これをたった三人の編集者で、とりあえず各人50例ずつ集めよ、との指令。不可能と思われたこの指令をクリアしたことで、それ以後、自分自身、取材力に相当な力がついたと実感するに至る。実はこの難局にあたり、藝大卒業生の、若くて、時間があって、実験的な遊びが好きという連中が急浮上し、『私の部屋』をバックアップする陰のネットワークが出来上がった。これには同大建築科を卒業後、ランドスケープアーキテクト（景観設計家）になった夫が、自分の持てる人脈を総動員して協力してくれたという経緯がある。

編集部には、後に独立して人気スタイリストとなる小山織がいた。彼女は都会的なライフスタイルを持つグラフィックデザイナーをはじめ、ファッション界にも人脈があった。私たち二人は、面白いバランスをとりながら記事作りをしていた。

しばらくして『私の部屋』は〝インテリアと手作りのライフスタイルマガジン〟という肩見出しを付けるようになった。パッチワーク・キルトは、創刊間もない早い時期からほぼ毎号取り上げ、次第に全国津々浦々にまで浸透し、手芸界に大きなジャンルとして根を下ろすまでに育てた。その後、パッチワークの専門誌も続々と創刊され、日本は世界に冠たるパッチワーク王国になっていった。根気があり、美意識に優れ、手先が器用という日本人にぴったり合った手芸だった。さらにここまで広まる要因としては、日本的家元制度を思わせる小さな組織が、パッチワーク界にいくつも誕生したことも見逃せない。

日々、飽きることなく創作し続け、美しいものを仕上げる達成感。容易に完成を見ない時間のかかる趣味であるところは、後の『ビズ』のガーデニングに一脈通じるところがある。

『私の部屋』の読者が愛してやまなかった一冊の本がある。バイブルともいえるその本は、『赤毛のアン』（ルーシー・モード・モンゴメリ著）だ。主人公のアンが、日々の暮らしの中に感動を見いだし、部屋をパッチワークで飾り、季節の収穫を喜び、ジャムを手作りする、などなどが綴られる。女性たちの生活感にヒントや彩りを添えた優しい名著である。また、馬車に乗ってリンゴの花咲くトンネルをくぐって行くくだりなど、多くの読者に語り継がれる、自然の美しさを描き切った名シーンだった。

このほか、熊井明子さんが長期連載エッセイとともに日本に広めた〝ポプリ〟も、ハーブ人気を巻き込み、暮らしに豊かな自然の香りをもたらした。彼女はのちに香りから解読したシェイクスピアの宇宙として、労作『シェイクスピアの香り』（東京書籍）をまとめている。

こうした自然豊かな環境で暮らしを育む夢は、次の『ビズ』へとバトンタッチされていった。

第三章　暮らしの中のガーデン

田園の館に住まう人、大都市のアパートに住まう人、
ここには暮らしの中のガーデンを深く慈しんだ人たちが登場する。
『ビズ』のバックボーンとなった彼らの家論、庭論は傾聴に値する。
多くの読者たちに強いインパクトを与え、
自然を身近に感じる、新たなライフスタイルの存在を気づかせた。
ガーデニング発展のエポックメイキングとなった庭を紹介する。

さらなる発展

1　画家カール・ラーションの描いた「理想的」な我が家

一冊の絵本『A HOME』（英語版：ある家庭）が海外に住む友人から郵送されてきたのは、私が『ビズ』の前身である『私の部屋』の編集長をしていた頃だった。北欧スウェーデンの生活を水彩画で生き生きと描いたその絵本は、一目で気に入ってしまった。子供用なのか、大人を対象にしているのかよく分からない、見たことのないタイプの絵本だったが、ページを繰るごとに展開する生活シーンのリアリティに引き込まれた。

ペイントされた赤い食堂、天井の高いグリーンのベッドルーム、出窓に花鉢の並ぶブルーと白のリビングルームなど、どの部屋もしつらえに工夫を凝らしてあたたかい。妻や子供たちの着ているホームウエアから、カーテン、敷物などのデザインや使い方に、際立った魅力があった。表紙の折り返しに、この家はスウェーデンのダーラナ地方・スンドボーン村に今も実在していると興味深い説明があった。作者はカール・ラーション（一八五三～一九一九）、自分の家と家族の生活を描いて、国民的な画家と呼ばれるまでの人気を得たとある。絵本を送ってくれたのは高校の同級生で友人の、渡辺英美。たまたま本屋で目についたので送った、とのことだった。

絵本を手にしてから十年以上のときがたった一九九四年四月、東京都庭園美術館で「スウェーデンの国民画家カール・ラーション展」が開かれた。日本初の大回顧展とある。絵本『A HOME』を手にして以来、気になる画家の一人として記憶にとどめていた名前だったので、さっそく見に行った。会場には懐かしい絵本の原画も出品されていたが、記念館となっている家の写真が何枚も展示されていたのは意外だった。絵本の家はスンドボーン川の水際に建っていて、花が咲くガーデンもある。素晴らしい風景だ！　一気に取材モードに入った私は、そのまま学芸員のいる奥のオフィスに向かっていた。

その瞬間から、海外ロケに必要な交渉の全てが始まった。

「スウェーデン・インテリア紀行　カール・ラーション邸特集」という観光情報も兼ねた企画には、

スカンジナビア政府観光局の全面協力をはじめ、スウェーデン関係の皆さんのご好意と積極的な後押しがあり、前代未聞のスムーズさで取材実現へとこぎつけることができた。先方の取材許可、航空券、ホテル、現地のアテンド、車の手配など、全行程八日間の準備が手早く整い、七月十三日に出発した。

絵本の家はストックホルムから何時間も車を走らせた先、景色のきれいな田舎にあった。ダーラナ地方独特の赤い塗料を塗った可愛い記念館は、毎日六百人もの観光客が訪れる人気の場所である(一九九四年時点)。家の内部は、これまで何度も来たことがあるような錯覚に陥るほど、絵本そのままであった。画室の高い天井際にある小さな窓は、上階の子供部屋に通じている。絵に描かれていたように、今にも子供の顔が覗きそうな気がした。記念館の外観は、庭先を流れるスンドボーン川にボートを浮かべて、そこから撮影した。光がきれいな朝だった。

ロケ中は好天に恵まれ、過密スケジュールの全てを終えて、二十日に帰国。そこから八月第一週の原稿入稿まで、息つく間もない編集作業をクリアし、同年九月十六日発売の秋号掲載に間に合わせることができた。

「私の芸術は私の家そのものだ。世界中で一番質素で調和がとれている」

右は、特集の前文に掲載したカール・ラーションの言葉である。タイトルは「画家カール・ラーションの描いた『理想的な』我が家」とした。

カール・ラーションと妻カーリン・ラーション（一八五九〜一九二八）の間には七人の子供が生まれた。二人は、パリ近郊の芸術家たちが住むグレ村で出会っている。カーリンも画家を目指していたが、結婚後は主婦業に専念した。しかし、家庭生活をモチーフにしたカール・ラーションの画業を追っているうちに、妻カーリンの存在が次第に大きさを増してくるのを感じた。舞台となったスンドボーンの家は、カーリンの実家から一八八八年に譲り受け、夫婦で繰り返し手を加えて好みのインテリアに変えていったもの。独創性と伝統感覚を併せ持つ敷物、織物、モダンで合理的な衣類やカーテンなどはカーリンの作品。彼女のクラフト作家としての才能には瞠目すべきものがある。カーリンのタペストリーがかかる壁には夫カールが花を描き、時には織物の下絵を提供するなどした夫婦連携の秀作もある。また、カール・ラーションの水彩画にも残っているが、カーリンは当時のスウェーデンで流行したガーデニングスタイル、英国風コテージガーデンを楽しんでいた。さまざまな花が咲く、気取らない庭である。

前述した『A HOME』は、一八九九年にスウェーデンのボンニエール出版から発売された『Ett hem（わたしの家）』（オリジナル版、大判画集）の英語版（サイズは小ぶりに変更）である。カール・ラーション人気を決定づけたこの画集制作もまた、妻カーリンの勧めだったという。長雨の続いた頃、所在なげにしていた夫に、自分たちの家の中を描いてみてはどうかと言ったのがきっかけとなったらしい。登場する人物は、ラーション家の人々である。ディテールにまで気持ちを込めて作り続けた我が家と、そこで暮らす愛する家族たちの絵である。幸せが伝わってくる。

こうして画家の代表作は生まれた。

〝楽しいやり方で自分の家を飾りたい人への手本として出版した〟とカール・ラーションの言葉にもあるが、スウェーデンの現代のインテリア・デザインは、この絵のシリーズからかなりの影響を受けている。

スウェーデンのスンドボーン村にある、カール・ラーションの家。撮影：飯貝拓司

絵本そのままの室内。絵では植木鉢に水やりをする長女がいる。撮影：飯貝拓司

スウェーデンに広まるアーツ&クラフツ運動

少し時間を遡って、二人が結婚したのが一八八三年。海を越えた英国では、ウィリアム・モリス(一八三四〜一八九六)らが中心となって興した「アーツ&クラフツ運動」が大きなうねりとなって世界から注目されていた時期である。この運動は、産業革命によって荒廃した生活の質を見直し、手仕事の価値を復活させ、暮らしに美を取り戻そうと呼びかけた一大デザイン革命である。モリスは自然に根ざした生き方の新たな価値観を提言した思想家でもあった。カーリンはこの時期、夫に強くロンドン行きを勧め、カールは一八八五年に渡英した。帰国後、彼はスンドボーン村を初めて訪れ、夏の間ここに留まったと記録がある。家づくりにかけた熱い情熱は、ロンドンでアーツ&クラフツ運動に肌で触れたこともきっかけになったのかもしれない。

現在、カール・ラーションはスウェーデンにアーツ&クラフツ運動を伝えた画家としても知られている。

ウィリアム・モリスの庭

『ビズ』では、ウィリアム・モリスとアーツ&クラフツ運動については何度も記事にしている。『ビズ』の目指す生活の美はこの辺りを拠り所にしていた。

ある日、私と長い親交のあったエッセイストで翻訳家の鶴田静さんから、編集部に電話があった。「モリスの庭の翻訳を終えたのだけれど、内容が面白いのよ……」と始まった。彼女によると、案外世間で知られていないモリスの庭論を訳していたら、なんだか『ビズ』と重なる部分が多く、早く私に知らせたくて電話をしたというのだ。

私は学生時代から、ウィリアム・モリスの考えとその運動には、かなり強く共鳴するものがあったので、『ビズ』が多分にモリス的な自然観に沿っていることは十分に考えられた。庭についての考えが重なっているとしても不思議はない。

二〇〇二年七月に発売された『ビズ』十周年記念号には、「ウィリアム・モリスが庭づくりで学んだ八つの大切なこと」と題した特集が掲載されている。これは同年五月に出版された『ウィリアム・モリスの庭――デザインされた自然への愛』（訳・鶴田静／東洋書林）をベースに構成されたもので、モリスの庭論という珍しい内容になっている。

モリスの庭論は、現代にも通じる環境論としても読める上に、独特の美意識が心地よく琴線に触れる。

内容をごく手短にご紹介する（訳本には各項目に説明が詳しく書かれている）。

1　素朴な花を植えなさい

スノードロップがどこにでも咲いていて、近づく春の素晴らしい発想を与えてくれるのです。菫が少しだけあちこちに顔を出し、色を増したイチゲサクラソウもあります。……土の中から約束されたものが芽生えて来るのは、何て美しく見えるのでしょう。……素朴な花は蜂や蝶を誘惑します。

2　家と庭を統一しなさい

もし、最も重要で同時に最も求められている芸術品は何か、と問われれば私はこう答えるだろう、美しい家、と。

3　庭では食べ物も作りなさい

4　樹木、生け垣で庭を囲みなさい

大きくても小さくても（庭は）秩序ただしく、なおかつ豊かでなければならないのです。外界から上手に囲われていなければなりません。「自然」のわがままか荒々しさか、どちらかを模倣するべきなのです。

5　流行を避けなさい
6　現存する木は残しなさい
7　地域の植物相を大切にしなさい
8　レクリエーションとリラックスの場も作りなさい

訳者あとがきより（一部抜粋）

原著『THE GARDENS OF WILLIAM MORRIS』が出版されるまでは、一般的にモリスのこうした具体的な提言を知る人は少なかったのではないだろうか。モリスは庭に関するまとまった本や図面を残してはいないので、この原著の三人の著者たち（ジル・ダッチェス・オブ・ハミルトン、ペニー・ハート、ジョン・シモンズ）は、多種多様なモリスの資料、著作、美術工芸品、講演録、家族や友人への手紙などを紐解いて、モリスの植物と庭に対する概念を蒐集した。この本を読むと、モリス自身の庭がいかに、彼の仕事と家庭生活の創造と喜びの源泉であったかを知ることができる。

2　有機栽培を実践し、自ら種を蒔く
チャールズ皇太子の庭

一九九五年一月十四日に書店に並んだ『ビズ』17号の表紙は、英国のチャールズ皇太子が私邸ハイグローブの庭で膝をついて苗を植えている写真だった。コーデュロイのズボンに毛玉のついた古セーターを着て作業する、ごくごくプライベートな時間のワンショットである。空気の冷たさと静けさが伝わる写真だった。

ほとんど無名といっていい日本の雑誌に、なぜこのような方が、それも表紙に？　書店で『ビズ』を目にした人たちは、皆そのような驚きをもったようだ。この〝なぜ〟への答えについては、ガーデンフォトグラファーのアンドリュー・ローソン氏が寄稿（Ｐ１００）の中で詳しく書いてく

ハイグローブの美しい秋、コテージガーデンへの入り口。撮影：Andrew Lawson

れたので、そちらを読んでいただきたい。

皇太子の私邸ハイグローブの庭は、美しいガーデンのメッカとして知られるコッツウォルズの丘に囲まれた場所にある。

ちなみに、このとき、特集の冒頭に掲げた導入の文章を、ここに引いておこう。

「庭は知性の反映であり、人間が作り出す安らぎの芸術である。英国のチャールズ皇太子の庭こそ、この地球上で最も美しい試みが繰り返されている場所かもしれない。エコロジーに視点を据えた、強い精神に裏打ちされた庭作りである。（中略）チャールズ皇太子ご自身の同意を得て国外初公開される」


特集の写真が伝えるガーデンシーンには、自然に加えた人為がこれほど感動を呼び起こすものなのかという驚きがあった。コテージガーデンへの入り口は、野生種の林檎、ゴールデンホーネットを整枝してアーチにしている。文字通り、黄金色の鈴なりの実があたりの紅葉や落ち葉と共に秋を謳っている。そして、ページをめくるとそこは朝霧立ち込めるウッドランドガーデン（森林の庭）。林床には見渡す限りスノードロップが可憐な白花を咲かせている。庭は、まさに安らぎの芸術だった。

この特集の中には、チャールズ皇太子が書かれた文章が引用されている。

「ハイグローブの庭は、まったく私の心から湧き出たものなのです。奇妙なことかもしれませんが、庭を創ることは、私にとっては一種の信仰のようなものでした」

誕生間もない日本のガーデン界に与えた計り知れないインパクト

一九九五年一月十四日。その三日後の十七日には未曾有の大災害、阪神淡路大震災勃発というタイミングで発売された「チャールズ皇太子の庭」特集号だった。その日からひと月くらいの間、日本中のメディアは震災のニュース一色となった。

気が動転するほどの大災害で日常が吹き飛ぶ思いだった。こんな状況では世界のメディアに先駆けた大スクープももはやこれまでかと諦めかけた頃、とてつもない反響がやってきた。編集部にはテレビや新聞からの取材申し込みが相次いだ。『ビズ』始まって以来の大騒動だったといってよい。『ビズ』の特集に刺激されて、やがて他の雑誌が相次いでイングリッシュガーデンの特集を組むようになった。翌年以降、類似誌も次々に創刊され、大きな社会現象となっていく。「ガーデニングブーム」は、雑誌をはじめとするさまざまなメディアが先導する形で始まった。ブームの起点には、「チャールズ皇太子の庭」があったのである。

しかし、その怒涛のようなブームの始まりの中で見落とされていたことがある。それはチャールズ皇太子の庭づくりにおいて、最も注目すべき点――つまり、それは自然環境に配慮したエコロジー優先の試みだということである。ブームというものは、所詮、そういうものなのかもしれない。編集部にとっては、環境派のガーデンが、美しいデザインを得た事例として紹介できたことが、何より嬉しかった。

いずれにしても、エコロジー優先は『ビズ』の創刊以来の姿勢である。私は、それが「チャールズ皇太子の庭」という大スクープを生んだのだと思っている。

寄稿

ある英国庭園写真家の覚え書き――チャールズ皇太子の庭と『BISES』

ガーデンフォトグラファー　アンドリュー・ローソン（Andrew Lawson）

八木波奈子氏、そして、ガーデン誌『ビズ』との二十五年を超える付き合いについて述べるのは、私にとって大変名誉なことであり、喜びです。イギリスの庭園写真家として、私は『ビズ』創刊時から写真を提供してきました。

あれは一九九〇年頃だったでしょうか。ある日、私は、英国の歴史的な屋敷や庭園を守る慈善団体、ナショナル・トラストから、一本の電話を受けました。トラストから庭園写真の撮影を請け負っていた関係で、数年来の付き合いがあったのです。彼らの庭園の中でも、シシングハースト・カースル・ガーデンとヒドコートにはよく撮影に行きました。当時も今も、英国屈指の名園として知られる二つの庭です。

ナショナル・トラストの写真編集者は、電話で私にこう切り出しました。日本で新しいガーデン雑誌が近く創刊されることになった。雑誌名は『ビズ（ＢＩＳＥＳ）』。編集長は、東京のハナコ・ヤギという、なかなかダイナミックなご婦人である。このエキサイティングな新雑誌がイギリスの庭園写真を求めているのだが、あなたと、それから、ご友人で同じく庭園写真家のジェリー・ハーパー氏を、新雑誌にふさわしい写真家として推薦してもよいだろうか、と。

興味をそそられる話でした。ビズとは、フランス語で口づけのこと。その響きからすると、ロマンチックな雑誌に思えるけれど、これは、東京という見知らぬ世界で起きている、ちょっとした謎だぞ……。この魅力的な新しい企てに私が参加を決めるのに、説得はさほど必要ありませんでした。

当時、私はまだ日本を訪ねたことがありませんでしたが、書物で日本庭園を目にして、その美しさに心を打たれていました。日本庭園はたいそう幾何学的なものであると、私なりに理解し、細部へのこだわりや、きっちりとした植物管理、とりわけ、刈り込みを気に入っていました。それらは、私がよく知る英国スタイルのガーデニングとは、じつに対照的でした。イングリッシュガーデンは、シンプルな幾何学的構造の中に、豊かな色彩と香りの花々があふれんばかりに茂っているものです。

ロマンチックで、芳しく、カラフル。そして、大抵の場合、いくつかのこぢんまりとした、それぞれに異なる役割や雰囲気を持つ空間に仕切られています。例えば、宿根草花壇やローズガーデン、ベジタブルガーデン、ワイルドフラワーの咲くメドウ、といった具合に。

ほどなくして、ハナコ・ヤギは私とジェリーに会うべく、イギリスに飛んできました。コッツウォルズの、私の自宅にあるスタジオを訪ねてくれたのです。ハナコは、私が撮ったたくさんの庭園写真を、夢中になって次々と見続けました。その熱狂的でエネルギッシュな姿は、私の心に強く焼き付きました。花々がこぼれるように咲く庭、それが彼女の好みでした。イギリスの伝統的スタイルの庭といってよいでしょう。ハナコは特に、バラの写真を喜びました。中でも、樹木や石塀、トレリスに這い上って、数多くの花をつけたつるバラの写真に惹かれていました。

数時間かけて、ハナコは私の戸棚に収納された写真をほぼ見尽くしてしまいました。さて、次に何を見せたらいいだろうか、と思ったとき、テーブルの上に置かれた、現像から戻ってきたばかりの数枚のフィルムシートが私の目に留まりました。

「最新の写真を見たいかい？」と、私は訊ねました。

しばらくエサにありつけなかった雌ライオンのごとく、ハナコは写真に飛びつきました。そして、すっかり心を奪われたようでした。とりわけ見入っていたのは、庭の一角で、素朴な木の枝のアーチに沿って咲く、スイートピーの花々を写した一枚。庭中にスイートピーの甘い花の香りが漂っていたよ、と伝えると、ハナコは満足げなため息をつきながら、私の方を向きました。そして、目にしたばかりのこの庭の持ち主が、いかに素晴らしい資質を備えているかを、とうとうと話し出しました。

「この庭の持ち主のセンス、私にはとても身近に感じられる」

「鋭い審美眼を持っているに違いないわ。感性が豊かで、美というものをとても深く愛している。自然界に大きな敬意の念を抱いていて、そしてなにより、これと決めたことを成し遂げる、強い意思を感じるわ」

それを聞いた私は、驚いて息を呑みました。

「誰の庭だか、分かっているの?」わたしはハナコに訊きました。

「いいえ、見当もつかない」

「いいかい、この庭の持ち主は、チャールズ皇太子。これは、ハイグローブと名付けられた、皇太子が所有する庭なんだ。これらの写真を『ビズ』に掲載したいと思うかい？」

後になって、ハナコから、この出来事は彼女の人生における一つの転機だったと聞きました。そのとき、写真はまだどこにも掲載されていませんでした。ハナコは全精力を注いで、『ビズ』での掲載許可を得ようとしました。私も、チャールズ皇太子のオフィスに連絡することができたので、ハイグローブの庭の写真が、日本からの客人をどれほど強く惹きつけたかを伝え、日本で掲載することの重要性を説きました。数週間にわたる交渉の末に、ついに、皇太子のオフィスから返事がありました。「よろしい、庭園の写真を『ビズ』誌に掲載することを許可する。『ビズ』誌には、写真使用料の代わりとして、プリンス・チャールズ・トラスト（困難を抱える若者を支援するためにチャールズ皇太子が設立した慈善団体）に寄付を願う」と。

これは、『ビズ』という雑誌にとっても、ターニングポイントだったに違いありません。この瞬間から、『ビズ』は日本で「重要な」雑誌とみなされ、真剣な眼差しで大いなる注目を浴びる存在となったのです。

『ビズ』に掲載された自分の写真を見るのは、いつだって心躍るものでした。日本の印刷技術の高さは並外れていたからです。イギリスの庭の写真は堂々と表紙を飾ることが多く、また、時には見開き二面にわたるなど、大きく掲載されました。デザイン監修を務めていた、卓越したグラフィックデザイナー、長友啓典氏のおかげで、誌面デザインは素晴らしい水準にありました。

八木波奈子氏と『ビズ』との関わりが、庭園写真家としての私のキャリアの中でこれほど長く続いたことを、とても幸せに、そして、誇りに思っています。『ビズ』という一流の雑誌に、自分の写真作品が素晴らしい品質をもって再現されるのを、いつもわくわくしながら見ていました。そして、『ビズ』を通じて、日本の読者の皆様に、イングリッシュガーデンのさまざまな美しさをご紹介することができたのなら、嬉しく思います。『ビズ』を創造し、その最高のクオリティを守り続けた波奈子に敬意を表します。未来に幸あれ。

（訳　萩尾昌美）

コラム

「憧れのイングリッシュガーデン写真展」開催

二〇〇九年十一月から二〇一〇年一月にかけて、東京・六本木にある写真ギャラリー・フジフイルム スクエアで、アンドリュー・ローソン氏とジェリー・ハーパー氏の写真展を開いた。おそらく世界一と思われるフジフイルム社のプリント技術が遺憾なく発揮された息を呑むような迫力の会場だった。会場構成は、『ビズ』のアートディレクター・長友啓典さんが担当した。真冬の東京に突如出現した臨場感たっぷりの英国庭園とそこに咲き誇る花々。メインタイトル「憧れのイングリッシュガーデン写真展」に、サブタイトルとして、〝美と安らぎの花空間〟の言葉が添えられている。

35ミリのポジフィルムが畳一畳ほどのサイズにまで大きくプリントされ、それでもなお写真のピントも艶やかさも全く失われていなかった。世界のガーデンフォトグラファー界のトップをいく二人の実力は、誌面とはまたひと味異なる輝きを発していた。英国からアンドリュー氏、ジェリー氏を招待し、会場を見てもらった。自分たちの写真がこんなに大きく引き伸ばされたことはこれまで

Happy Christmas and Prosperous New Year!
東京六本木駅徒歩1分 東京ミッドタウン内
「フジフイルム スクエア」にて1月14日まで
「憧れのイングリッシュガーデン写真展」開催中！
詳細はhttp://fujifilmsquare.jp/
写真は左から写真家アンドリュー・ローソン氏/本誌編集長・八木波奈子/写真家ジェリー・ハーパー氏

写真展での記念ショットをカードにした。左から、Andrew氏、私、Jerry氏

なかった、と驚きを隠しきれない二人だった。展覧会オープニングの夜には、二人を囲んで和やかなパーティを開いた。

胸のすくような完成度を見せた写真展は、フジフイルム スクエア始まって以来最高の来場者数をカウントし、その後、仙台、名古屋、金沢、富山と巡回し、各会場合わせて二十一万人の方に見ていただいた。創刊号からの『私の部屋ビズ』三十九冊（一九九二〜一九九八年）と、その後の『ＢＩＳＥＳ ビズ』六十一冊（一九九九〜二〇〇九年）を合わせた１００号記念展でもあった。

日本初の本格的なイングリッシュガーデン写真展は、〝庭園写真文化〟の存在を広くアピールする場となった。

3　ガーデンフォトグラファー
ジェリー・ハーパーが魅せられた
世界の屋上ガーデン

『ビズ』がガーデン誌としてスタートすると決まった頃、私の周辺にいた人たちが心配して助言してくれたことがある。日本でガーデンといっても、どのくらいの人が庭を持っているのかなぁ？花を育てる場所って都会の人にはベランダぐらいしかないね。ベランダガーデンでもやりなさいよ……と、こんな具合。たしかに、世知辛い都会の土地事情を思えば、ガーデニングを楽しむといってても非現実的なのかもしれない。でも、……と心の片隅に雲がかかるような心理状態になったのを思い出す。毎号、巻頭特集に英国を中心とした華やかなフラワーガーデンを展開しながらも、一方で〝都会の庭〟を模索していた。

二年間で十五か国三十一都市の屋上を撮影

英国のナショナル・トラストから紹介された二人のガーデンフォトグラファーの一人、アンドリュー・ローソンは、庭づくりに情熱を傾けるコッツウォルズ在住の熱心なガーデナーであり、もう一人のジェリー・ハーパーは、コマーシャル写真から転身したという、飛行機に乗って世界を飛び回るのが大好きで、モダンとエキゾチック好きのダイナミックな人だった。

二人ともガーデン写真界では英国のトップ2といわれた実力派で、もちろん自国の名だたるガーデンにはマメに足を運び、独自の新しい情報を得て、季節ごとの見事な写真を撮っていた。『ビズ』には二人の写真で構成した特集も数多く掲載した。

しかし、どの分野でも、トップクラスの仕事人は、自分ならではの世界を築いているものだ。二人の個性は時に面白いほど際立った違いを見せるときがあった。ジェリーは『ビズ』が始まって間もない頃から、屋上ガーデンに尋常ならざる関心を持ち、屋上ガーデンやバルコニーの撮影で世界

自宅の庭でJerry Harpur氏

中を飛び回るようになっていた。
　屋上ガーデンのメッカ、ニューヨークはもちろん、ヨーロッパ、北・南米、アフリカ、東南アジア、オセアニアと、世界六大陸を訪れ、二年間で十五か国三十一都市を回るという記録まで打ち立てたのだ。摩天楼から摩天楼へと飛び回る、『八十日間世界一周』を思い出すけれど、ジェリーの場合は、そんな日数では満足しなかった。私が一九九四年に初めて彼の自宅兼オフィスを訪ねたときは、そうした情熱に取り憑かれている真っ最中だった。たくさん積み上げられた屋上ガーデンやバルコニーの写真を眺めていると、都市の人工地盤にも夢がいっぱいに広がる庭が作れるという、果てしない可能性に興奮してくるのだった。
　モロッコのマラケシュを一望する屋上ガーデンには、マーキー（大型テント）が設えられていて、真っ白いシンプルな椅子を配したダイニングセットがレイアウトしてある。壁にはブーゲンビリアやつるバラが絡んで、ディテールまで完璧な空間になっている。思わず、〝なんて素敵な庭でしょう！〟と叫んでしまった。ジェリーは〝そうだろう、ハナコは分かってくれるよな？〟と答える。
　そのときだった。部屋に入ってきたジェリーの奥さんが私に向かって両腕をXに組んで、ダメの合図をしてきたのだ。「?・?・?・」、そうかとすぐに納得できたと同時に、自分自身、浮世離れしすぎて雑誌の領域をあまりに逸脱していることに気づき、苦笑してしまった。

ジェリーはコストも考えずに、屋上ガーデンと聞くと地球の裏側にだって飛んでいってしまう。これでは家計が持たない、とはごもっともな話で、奥さんの立場では、私のハシャギ様は火に油を注ぐ、看過できないものだったのだ。ちなみに、このとき見ていたマラケシュの屋上ガーデンは、グザビエ・ゲラン・エルメス氏（当時エルメス・パリ副社長）の別荘だった。

カジュアルとはかくもラグジュアリーな夢を膨らませてくれるものか、と実感した実例で、この写真は一九九九年五月に発売した『ビズ』に「写真家ジェリー・ハーパーの屋上ガーデン巡り世界の旅」として特集で掲載した。私も発表したい気持ちを抑えられなかったのである。

「僕が屋上ガーデンに魅せられたのは、建物の屋上に庭園を作るという技術的な側面のほかに、大都会の真ん中に自分だけの庭を持つという発想だった。広大な屋敷の庭園を素晴らしいと認める一方、都会の真ん中に作り出された庭もそれなりに楽しいと思う」

「都市の限られた空間を人々がどんなふうに使っているかに興味が尽きず、調べて回るうち、その使い方は大きな庭園と同じくらいバラエティに富んでいることが分かった。それどころか、限られたスペースゆえに、常識を超えた自由な発想が可能だともいえるのではないかな」

ジェリー・ハーパーは、ニューヨークに住む友人の屋上ガーデンの話を続ける。

「そこは僕の知ってる屋上ガーデンの中では小さいほうだけれど、シラカバの木立の周囲にたくさんの鉢植えを並べ、木には白色光のイルミネーションを無数に取り付けてある。僕たちはよく、その下のテーブルで飲んだり食べたりしながら、夜遅くまでおしゃべりをするけれど、実に楽しいものだ」

屋上ガーデンの翻訳本発売

世界の屋上ガーデン情報が日本にもたらされた背景には、ジェリー・ハーパーのこうした並々ならぬ情熱があったことは、今では想像がつかないくらいロマンチックな話である。ビズ編集部では一九九九年一月、『屋上ガーデン　バルコニー　テラス——都市生活者に緑のオアシスを』を日本語に翻訳して発売した（写真：ジェリー・ハーパー　文：デイヴィッド・スティーブンス／婦人生活社発行）。

この本は、発売後、建築家や造園関係者のオフィスの書棚に並んでいるのを何度か目にすることがあった。ジェリーの情熱は、日本の人工地盤におけるガーデン普及に、いくばくかの貢献をしたのではないだろうか。ジェリーが撮影したこうした庭には、常に個性的なデザインがあり、それを楽しむ都会の人々の生活感が伝わってきた。椅子の置き方一つ見ても、また木陰や日よけの工夫や花鉢の飾り方にしても、屋上ガーデンが暮らしの場として、居心地良く作られている感じが好ましかった。

屋上ガーデンを使いこなした達人、建築家・宮脇 檀

ジェリー・ハーパーが世界の屋上ガーデン情報を次々と届けてくれていた時期、日本でも記憶に残る事例が掲載された。

生活感たっぷりに外暮らしの楽しさを伝えた『ビズ』一九九五年秋号の特集、「緑のない生活などあるのか」だ。ここで初登場したのは、東京・青山の自宅マンションに完成したばかりという建築家・宮脇檀《まゆみ》氏のベランダガーデンである。北側斜線制限でできた2×10メートルのやや広めのベランダは、ハーブや野菜を植えたキッチンガーデンと、パラソル付きの食事コーナー、小ぶりな

ベンチを設置したワイン&くつろぎコーナーに分かれている。この手作り感満載の建築家らしからぬ素朴な空間に立ったとき、思わず共感で頬が緩んだ。

部屋の延長として隣接する外空間には特別な心地よさがある。使いこなしてこそのガーデンだといって、実践して見せてくれた宮脇氏の生活者としての存在感はとても大きい。自分で料理をするのも大好きだった宮脇氏は、室内を改造してベランダ側にキッチンを設置し、できた料理をそのまま外の食卓に運び出せるようにしてあった（ここは、四年後の一九九九年五月、宮脇氏の没後に、再び「バルコニーの休日」として、たくさんのスナップ写真とともに紹介している）。

このベランダガーデンを舞台にまとめられたエッセイ集『最後の昼餐』（文：宮脇　檀　絵：根津りえ／新潮社発行）では、〝作って外で食べること〟に夢中になれた気の合うパートナー、根津さんが描く克明なベランダライフが、ページを繰るごとに明るい色調で展開する。宮脇氏と根津さんが繰り広げる〝人生の楽しみ方〟は、達人の域に達していた。

緑を愛し、ガーデンのある生活をいつも住宅設計に生かした宮脇氏は、『ビズ』にとって大切な同志の一人だったと思っている。

日本は一九九〇年代あたりから、屋上ガーデンづくりの技術は、すでに世界でもトップクラスになっているそうだ。東京都は二〇〇〇年に、「東京における自然の保護と回復に関する条例」に基づき、一定の基準を設けて建物や敷地の緑化を義務付けた。現在では、他府県にも緑化のムーブメントは広がっている。これによって、企業レベルでの屋上ガーデンは飛躍的に増え、デパートや大企業の自社ビル、オフィスビルなどで多種多様な屋上ガーデンが生まれた。

近隣の住民に憩いの場として解放されているところもあれば、ビオトープを作って子供たちの学習の場にしたところもある。公益財団法人 都市緑化機構が毎年発行している、ハンディなガーデンマップ『都市のオアシスさんぽ』には、五十か所くらいのガーデン（人工地盤と地面の両方が選ばれている）が掲載されている。

都市緑化機構では、こうした緑地を、公開性、安全性、環境への配慮の三点で審査し、「都市のオアシス」と認定したところには、「ＳＥＧＥＳ」のラベルを付与している。現在、緑化は頼もしいほど進んでいるが、近年の異常気象が今後どのように影響を及ぼすのか、多少気がかりではある。

緑地、ガーデン、いずれも環境面でのプラスはすでに誰もが認識していることだが、これからは、いかに人々に活用され、暮らしに浸透させるかという、ソフト面の充実が求められる。都市で暮らす人たちが心のバランスを求めて、緑を必要とする時代、身近な自然としてのガーデンの真価が問われている。

コラム

タイム社「マガジン大賞」受賞

二〇〇〇年三月、私はまたニューヨークに行くことになった。

『ビズ』はこの年、タイム社が年に一度開催しているグループ内の雑誌コンテスト「ヘンリー・R・ルース賞」の写真部門にエントリーしていたため、タイム社から授賞式への招待状が届いたのである。当時、『ビズ』の発行元は米国タイム社の傘下に入ったプレジデント社に変わっていた。

たかだか二、三時間の授賞式のために太平洋を渡るなんて、という気も少しはした。けれども、だけど何か面白そうじゃない？　という気持ちが結局は勝った。授賞式の会場がロックフェラーセンターのレインボールームとあるのに気づいたこともある。記憶にあったこの名前は、最初のニューヨーク旅行で渡辺英美イチ押しのレストランだったけれど、残念ながら予約が取れなかったところだ。あれからもう、十二年が経っていた。

私は格安チケットを買って、ニューヨークへ向かった。

授賞式会場のレインボールームはマンハッタンのど真ん中、ロックフェラーセンターの六十五階。

レインボールームは、その歴史と、その圧倒的な眺めと、そのフォーマルさで、ややクラシック趣味の旅行者に絶大な人気の豪華レストランだった。店内の丸テーブル全てに花が飾られ、中央にはセレモニー用の巨大スクリーン。窓の外にはエンパイアステートビルが今にも手が届きそうな近さで見えていた。

やがて、テーブルに関係者が着席。授賞作品の発表が始まった。スクリーンに授賞した作品が映し出され、授賞者はステージでトロフィーや賞状を受け取っていた。

やがてそのスクリーンに『ビズ』の表紙が映し出された。

写真部門の第三位だった。やはり、ニューヨークに来て良かったと思った。

後日、グループの社内報が届いた。『ビズ』の受賞がニュースになっていて、記事にはこうあった。「あのときの私たちの驚きようといったらなかった。最優秀写真賞の第三位に『ＢＩＳＥＳ』という雑誌が選ばれたが、私たちはその誌名を聞いたことすらなかったのだ。……しかし、なるほどそれはわがグループが発行している日本のガーデン誌で、確かに素晴らしい雑誌だった」。

4 チェロ奏者ヨーヨー・マが街に贈った庭
トロント・ミュージックガーデン

このガーデンは、チェロ奏者のヨーヨー・マが企画し、前代未聞のプロジェクトを立ち上げ、カナダのトロント市に制作した記念碑的な庭である。『ビズ』100号特別記念号（二〇一六年早春号）に掲載し、編集者としての記憶にも深く刻んだ特集だった。

音楽とガーデンという結びつきも魅力的だったけれど、そのガーデンは年月を重ねながら、街に大きな変化をもたらした。そして、ついには住人の心に、ガーデンは自分たちの生活に無くてはならぬものと根を下ろすところまで、存在感を高めたのだ。トロント・ミュージックガーデンが唯一無二の特別な価値を持つガーデンと信じるゆえんである。

湖に向かう開放的な「ジーグ」の庭で、草階段に座ってコンサートを楽しむ人々。左は100号特別記念号の表紙

開園から十八年目を迎えた二〇一七年、トロント市が発表したレポートによれば、

「今ではこのミュージックガーデンはトロント市の観光名所になっている。ガーデンは、オンタリオ湖に面した三千六百坪（一万二千平米）の面積で、これまでの来訪者数は千七百万人。４０００のイベントが行われ、そのうちの七〇パーセントは地元企業、銀行などのサポートがあり、無料で行われた。三十万人が引っ越してきて、街が住宅地に変身していったことで、アパートが建ち、レストランやパブができ、ナイトライフも充実した。ガーデンの植物は地元の人々の働きで、今も素晴らしい状態を保っている」とある。

この簡単なレポートからも、トロント・ミュージックガーデンが街づくりの要となって、住人の心に多面的な効用をもたらしていることが分かる。

庭は街を育て、地元の人々に愛されて利用され、心を込めて手入れされてきた。そして、一九九九年の開園以来二十年を超えた今も、トロント市民に憩いの場を提供し続けているのだ。

バッハの「無伴奏チェロ組曲第1番」が庭になる

ヨーヨー・マはJ・S・バッハの無伴奏チェロ組曲全曲（全6曲で構成される）を十二年ぶりに再録音するにあたり、各曲ごとに異なるジャンルのアーチストと組んで、映像化するという企画を立てた。第1番は「弾いているといつも自然を連想する」という曲。彼は音楽が聞こえてきそうな庭を、それを最も必要とされている都市部に作ることを思いつく。プロジェクト実施にあたっては、まず場所をどこにするかで紆余曲折があり、最終的に、カナダ・トロント市のオンタリオ湖に面した地に作ることが決まる。

庭の制作はヨーヨー・マとランドスケープアーキテクトのジュリー・M・メッセルヴィ（米国バーモント州）とのコラボレーションで進められた。ジュリーはヨーヨー・マの弾くバッハの「無

郵 便 は が き

料金受取人払郵便

新宿局承認

3971

差出有効期間
2022年7月
31日まで
(切手不要)

160-8791

141

東京都新宿区新宿1－10－1
(株)文芸社
愛読者カード係 行

ふりがな お名前			明治 大正 昭和 平成 年生 歳	
ふりがな ご住所	□□□-□□□□			性別 男・女
お電話番号	(書籍ご注文の際に必要です)	ご職業		
E-mail				
ご購読雑誌(複数可)		ご購読新聞 新聞		

最近読んでおもしろかった本や今後、とりあげてほしいテーマをお教えください。

ご自分の研究成果や経験、お考え等を出版してみたいというお気持ちはありますか。

ある　ない　内容・テーマ(　　)

現在完成した作品をお持ちですか。

ある　ない　ジャンル・原稿量(　　)

書　名				
お買上 書　店	都道 府県	市区 郡	書店名	書店
			ご購入日	年　月　日

本書をどこでお知りになりましたか?
1.書店店頭　2.知人にすすめられて　3.インターネット(サイト名　　　　)
4.DMハガキ　5.広告、記事を見て(新聞、雑誌名　　　　)

上の質問に関連して、ご購入の決め手となったのは?
1.タイトル　2.著者　3.内容　4.カバーデザイン　5.帯
その他ご自由にお書きください。
(　　　　)

本書についてのご意見、ご感想をお聞かせください。
①内容について

②カバー、タイトル、帯について

弊社Webサイトからもご意見、ご感想をお寄せいただけます。

ご協力ありがとうございました。
※お寄せいただいたご意見、ご感想は新聞広告等で匿名にて使わせていただくことがあります。
※お客様の個人情報は、小社からの連絡のみに使用します。社外に提供することは一切ありません。

■書籍のご注文は、お近くの書店または、ブックサービス(0120-29-9625)、セブンネットショッピング(http://7net.omni7.jp/)にお申し込み下さい。

伴奏チェロ組曲第1番」を聴きながら、ガーデンのイメージを創っていった。

驚いたことに、ヨーヨー・マは、ガーデン制作に必要な資金調達でも頑張ったのである。ミュージックガーデン着工までの経緯はＤＶＤ「インスパイアド・バイ・バッハ」（INSPIRED BY BACH）に収められているので、ご覧いただけたらと思う。

トロント・ミュージックガーデンは六つの庭で構成され、高低差をつけて三つの丘と各庭をト音記号のような曲線を描く小径でつないでいる。イタリア風の舞曲「クーラント」と名付けられた庭では、ヤグルマギクやハーブ、鮮やかな花色の宿根草やグラス類が勢いのある渦巻き状のメドウを作る（口絵参照）。ほかには針葉樹の静かな森があったり、バラに囲まれた音楽演奏と舞踊のための格調高いステージを設置した「メヌエット」の庭もある。

トロント・ミュージックガーデンの全体図

ドローイング：Julie More Messervy

湖に向かって下る開放的な草階段を擁した「ジーグ」の庭では、毎年数多くのイベントが行われ、観客は皆、思い思いの場所に腰を下ろして楽しむのである。

音楽も庭も心に種を蒔く芸術

『ビズ』の特集掲載にあたり、ヨーヨー・マが寄稿してくれた読者へのメッセージには、音楽を〝心に種を蒔く芸術〟と表現し、庭もまた自然と人間の双方によって育まれ工夫された種を蒔く芸術であるとしている。その上でコミュニティガーデンについて的確な意見を述べている。

「～世界中どこにおいても、公共のガーデンはその周辺のコミュニティにとって大きな意味を持つものです。公の庭は、教育、娯楽、悦楽の源。音楽作品の本質というのも、それと同じといえるでしょう～（中略）～この音楽庭園はコミュニティにとって美しく、なくてはならない生活の一部となりました。住民たちが手入れをし、学童たちが集い、数多くのコンサートや結婚式が行われる場として、広く親しまれています。私はそのことを大変誇りに、そして、心から嬉しく思っています」と結んでいる。

音楽家がここまでガーデンを思い、感じ、そして後世に残る形で実際に制作したことには、深い感慨を禁じ得ない。ランドスケープアーキテクトのジュリー・M・メッセルヴィが、ヨーヨー・マの演奏を聴きながら瞑想してデザインしたこの庭は、世界に二つとない発想を持つ、独創的な作品である。ガーデンが内包する社会性が明確に示されたトロント・ミュージックガーデンは、これからの街づくり、コミュニティの育成においても、ややハイブロウとはいえ、貴重なデータを持つ事例として記憶されていくだろう。トロント市民にとっては、花や緑の恩恵に浸れる、まさにセラピーガーデンなのだ。

コミュニティガーデンというジャンルは、日本でも広がりを見せている。地域の住民に日々親しまれ、グループによる手入れなどを通して仲間意識を高め、新しいつながりを形成している。

トロントでは、プロによるデザインで完成したコミュニティガーデンが、住民に引き継がれる形になった。美しいガーデンは安らぎと喜びを倍加させ、やがて街に品格さえもたらす。

ヨーヨー・マは自身の奏でる音楽と、ガーデンの草花がもたらす精神の浄化作用を、ひとつの調和の中に導いたのだ。

第四章　覚醒する日本のガーデン——全国に広がるガーデニング愛好者たち

ガーデンという新しい世界が見えてきた。
雑誌で見る庭、旅をして見に行く庭、そして——自分で作る庭。
日を追うごとに、庭は花好きたちの暮らしの楽しみとして浸透していった。
その頃、日本のガーデニング界に、エポックメイキングなムーブメントが起きた。
始まりは、三人の女性たちによってバラの世界の扉が開かれたことだった。
しかも化学農薬を使わない革命的な手法で。そして、たおやかなバラの庭が誕生する。
やがて全国各地にオープンガーデンが数を増していく。
個人の庭が評価される機会も増えた。ガーデンショップのオープンも相次ぐ。

その1　バラ界を一変させたオールドローズの登場

バラの企画は、早くから誌面を飾った。

長い歴史に育まれ、さまざまな色彩、花びらの形、香り、その優雅なたたずまいが愛されてきたバラは、誰もが認める草花の女王である。

一九九三年夏号（7号）に「創刊一周年記念企画・英国のローズガーデン—うるわしの薔薇は花ひらく」を掲載した。

どのバラの写真も圧巻で、傑作だった。バラを見事にとらえた写真は、むしろ一級の絵画作品といってもよいほどだった。

古い石造りの建物を背景にしたローズガーデン。そこに咲く花は、バラだけではなかった。草丈の高い新鮮な青のデルフィニウムなどが配され、壁を伝い上って咲くつるバラを引き立たせている。

そして、選ばれているバラは、ほとんどがオールドローズか、形がよく似たイングリッシュローズだった。写真にとらえられた庭は、秘密の花園ともいえる静けさに満ちていた。

この特集の主文は、ケイ山田さんが書いている。これはオールドローズについて書かれた『ビズ』で初めての原稿だった。特集の関連記事には「ガーデナーが心よせる野生バラとオールドローズ」のタイトルで二ページの記事が設けられている。この記事では、オールドローズやつるバラについて特別な注釈もなく、育てやすいバラであることが解説されている。

この特集に寄せられた反響は率直だった。

「バラ、バラ、薔薇の英国のローズガーデン、芳しい香りが匂い立ってくる、自然の美しさ。野生バラも清々しい。モーツァルト、ドッグローズ、ネバダなどの一重のバラがほしくなりました」

写真に重点を置いた巻頭特集の構成なので、観賞する、憧れる、という見方で反応する読者が多かったようだ。

『ビズ』ではこの頃、特別にバラを押していたわけではない。漠然と、バラは農薬を使う花との懸念から、積極的に栽培法などを紹介するのを避けていたように思う。

一方で、取り上げるべきテーマは目白押しだった。バラを特集する以前に、取り上げるべきテーマがたくさんあった。そのために、いっそうバラの特集記事は後まわしにされていたのだろう。

バラ栽培に革命をもたらした『バラの園を夢見て』

バラの特集で大きな反響を受けたのは、一九九五年春号（18号）である。

「バラの園を夢見て――オールドローズとつるバラの庭づくり」は、巻頭特集でもなく、六十七ページから片起こし（見開きページではなく、左側ページから始まる）で三番手くらいの特集記事だった。

この記事は、今思い返しても興味深いものがある。読者からの一通の手紙がきっかけだった。編集部への売り込みでもあるし、企画記事への注文といってもよかった。その手紙には、こう書いてあった。

「私たちはオールドローズを無農薬有機栽培で育てる試みを始めて十年になります。そしてここ三年間、成功しております」

この手紙を受け取った編集部では、オールドローズがどういうバラで、無農薬有機栽培で育てるというポイントが、どれほどの先進的な取り組みであるかを正確には理解していなかったのではないか。だが、手紙の内容が重大で衝撃的であることを編集部はやがて理解した。「バラは農薬まみれの花」という常識をひっくり返すことが書かれていたからである。

これは、花づくりの時代潮流を変革するほどの内容といえた。編集部は、しばらく間があったあと、手紙の価値に気づき、驚いた。お恥ずかしい話である。

とにかく、なにはともあれ、手紙の送り主である梶みゆきさんにお会いして話を聞こうと、編集部の私の相棒、山瀬知恵（故）が現地、東京都小金井市にある戸建てのご自宅に出向いた。庭はこぢんまりとしたものだった。そしてバラの季節を待って撮影し、翌年の春、バラのシーズンに掲載となったのである。

梶みゆきさんの手紙には「私たちはバラの無農薬有機栽培に成功しました」とある。グループで取り組んでいたわけだ。梶さんの取材は、その「私たち」の取材でもあった。

以下、その「私たちのグループ」について述べよう。

梶みゆきさんは、花好きの主婦である。梶さんは一九八〇年代半ば頃から、都内に住む花友達三人でバラの無農薬栽培にトライし始めた。それは、農薬を使う〝消毒〟と呼ばれる作業に怖さを感じ始めたことが、きっかけの一つだった。またその頃は、バラの種類もモダンローズ一辺倒の時代で、花の好みも違うと思った。梶さんたちのグループは、自分たちの栽培法が正しいと信じる強い信念で、モダンローズとは全く趣を異にするオールドローズを栽培し、試行錯誤の末、ついに成功した。オールドローズとつるバラの魅力を語る熱意と経験と知恵には、いまでも感服している。梶さんは勇気を持って新しいバラの美を打ち立てたパイオニアだったのである。

ある日、編集部を訪れた梶みゆきさんは、バラの香りをかすかに身にまとっていた。その香りが彼女の存在感を無言のうちに際立たせた。

「あら、いい香りね」

「あぁ、出がけまでバラの手入れをしていたからその香りが移ったのかしら……」

「まあ、エレガント」

こんなやりとりがあった。後日、そのときの話に戻って、笑いながら話してくれた。実は資生堂から発売された香水（正確にはオードパルファム）、「芳純」の香りであったという。〝芳純〟はバラの大家・鈴木省三《せいぞう》氏（故）が作出したバラの名前で、その香りを再現した「芳純」は、発売後、多くの人々に好まれる人気の香水となった。

グループの一人、高山玲子さんも主婦。スラリとした方で、庭づくりが大好き。自宅の庭は広い。地下足袋を履いて大木に登り、剪定もする。「ビズ　ブックス」のムック『バラの園を夢見て』には、日頃から描きためた虫の絵をたくさん載せている。無農薬、有機栽培の必要を信じ、自然に優しい生き方を貫いている。英語にも明るく、海外のバラ情報や栽培法にもきちんと視線が届いている。大変にシャイな人で、『ビズ』の特集には登場せず、ムックにまとめる段階で、ようやく庭とバラの花の撮影に同意してくれた。

グループのもう一人、豊永由紀さんは画家だった。

マンション住まいで、バラはすべてベランダで鉢植えにして咲かせている。ボタニカルアートの達人で、オールドローズのたおやかさを素晴らしい筆致で表現する。ムックにもたくさんの作品を掲載し、『バラの園を夢見て』の特別感を際立たせている。消え入るように物静かな人。後に撮影を了承してくれた。

編集部では、無農薬と有機栽培の概念規定を厳密にする必要があった。たとえば漢方薬系の「農薬」を使えば、無農薬といえそうだが、そうではない。厳密には、漢方薬系でも農薬であることに違いはない。したがって、「化学農薬を使わないバラ栽培」とか「有機栽培で育つバラ」という表記にした。

この特集は、大変な反響を受けた。それまでにも、新しい号が出る度に面白いほど新たな分野からの反応を得てはいたけれど、オールドローズの手応えは、いささか違っていた。それは、それまでのバラ愛好家をまるでそっくり敵に回すような感じの、しかし、本来的には正しい、大きな反応だった。

バラは、人間が作り出した農薬と自然の神様が手を結んで咲かせる特別の花。これが当時のバラのイメージだった。虫や病気に弱い花、強い農薬で〝消毒〟しなければならないデリケートな体質。ゆえに、手をかける愛好家たちの愛の強さで、見事な開花を迎える……という花であった。

バラのコンテストには、厳密な美の基準があった。今思えばのけぞるような、そして人工的な美の世界としてバラをとらえていた。その中心に大組織、「日本ばら会」が君臨していて、美しいバラを咲かせるためには農薬の使用が当然とされていた。この常識を、『ビズ』の特集記事はひっくり返したのである。

この特集への直接の反応は、一般女性である読者たちからだった。

読者の手紙を二通紹介する。

『バラの園を夢みて』のオールドローズには感激しました。これが漢字の〝薔薇〟であるところの本当のバラだったと思いましたね。種を播いたり、植え替えたりと、土いじりは好きなのですが、バラは農薬を使わないといけないのでは、と思い込んでいたので、決してバラには手を出すまい、と思っていたのですが、農薬を使わなくても育つというお話。ぜひ近いうちに、オールドローズの花を咲かせようと考えるに至りました」

「春号の『バラの園を夢みて』、私も二年前から、バラに農薬を浴びせかける育て方をやめて、虫や鳥たちに害虫退治をお願いしています。品種も、HTから修景用のバラに変わりつつあります。オールドローズは二本だけですが、あのトロンとした風情を存分に楽しんでいるので、この特集は、とてもうれしい気持ちで読みました。美しい花たちに集まってくる虫たちに目くじらを立てていた昔を後悔している昨今です」

この号の売れ行きは、スクープ「チャールズ皇太子の庭」の掲載号を上回った。

そして一年後の一九九六年五月には『バラの園を夢見て―オールドローズとつるバラの庭づくり』が「ビズ・ブックス」（ムック）のシリーズ最初の一冊として発売された。五月五日に初版発行、同月二十五日2版発行と、次々と版を重ねていった。おぼろげな記憶だが、実売数八万部くらいはいったのではないだろうか。

梶さんの「私たち」は、実に絶妙なトリオであった。庭のサイズ、形式も三者三様、各自得意分野を持ち、バラ世界の新たな扉を開けた。もう一つ、付け加えるならば、梶みゆきさんの夫、梶祐輔さん（故）は一九五九年に設立された志ある広告制作会社「日本デザインセンター」の最高顧問で、大変高名なコピーライターだった（この時点では編集部は梶祐輔さんの存在を全く知らなかった）。

このムック『バラの園を夢見て―オールドローズとつるバラの庭づくり』の制作には、梶さんたちのグループに全面的に協力していただいた。

編集部ではムックの編集をしながら、

「梶さんって、結構文章うまいね。全然手がかからないわ」

と、仕事はサクサクと楽しく進んだ。その文章は、彼女の夫によってすでに校閲が済んでいたのである。そうとも知らずに、私は何も臆することなく、タイトル、小見出し、前文などを書き加え、バラの新しい世界をロマンチックに、甘く、あおるように、謳い上げた。若かったのかもしれないが、バラづくりの常識をくつがえすムックの創出に興奮していたのである。こうして日本のバラの世界は、普通の女性たちによって、農薬使用の必要性を説く権威的論調を、やがては駆逐することになる。

当然のことに、異論も批判も生まれた。しかし、私たちは自信を持って、難しいといわれたバラの無農薬有機栽培を、声高に主張し続けた。私たちは「たかが趣味の領域のガーデニングで、わざわざ環境を毒することはないではないか」と発言した。「花付きが少しくらい悪くても構わないじゃないか」と編集部はいつも主張した。

すると「無農薬だの環境だのを、軽々しく言うな」という声も聞こえてくる。けれど、日本の〝ガーデニング〟は環境に配慮することで読者に浸透していったと信じることができる。

トラブルもあった。「バラに下草なんてとんでもない、病気が出る」とか、いろいろと言われた。バラ栽培についての原稿を書いてほしいと頼んだバラ世界の重鎮には、「私のような若輩者には書けない」と断られることもあった。

仕方なく、ムックの原稿は（英国の園芸作家）エスン・クラーク（ETHNE　CLARKE）に頼んだ。「世界中で人気の高まるオールドローズ　その歴史と魅力を語る」がそれである。

このように『ビズ』の記事は、既成のバラ世界からはうとまれたが、読者とガーデン好きの多くの皆さんの賛意を得たのだった。

私たちは異論や批判に負けずに、バラの季節の春、秋にはバラを取り上げた。新たな領域のガーデン企画が目白押し状態のなかでも。その後、編集内容がぐっとバラに傾斜していったのは、バラ特集の号の売り上げが高いという傾向がはっきりしたからである。その後は、毎号十ページくらいのバラ特集が誌面を飾ることになる。

どのようなページを作ったか、少し詳しく見てみよう。

一九九八年春号（36号）の巻頭特集は「花園のバラたち―バラの庭づくりを目指すあなたへ」、特別付録はカレンダー「つるばらの表情」である。

巻頭見開きページは、豊饒なバラのボーダーガーデンで始まる。暗赤色のバロン・ジロー・ド・ラン、手前にロサ・ムンディの明るいピンク。その下にはアルケミラ・モリスやサルビア、ネペタの花。バラの赤とパープルやイエロー、遠景の樹木の緑が鮮やかに彩っている。

特集の構成は、ジェリー・ハーパーとアンドリュー・ローソン、二人の写真を使っている。次の見開きは、ドルトムントの花のアップを右ページ全面に配した。濃赤色、一重の花びらの中に黄色のめしべが鮮烈に見える。

左ページはモダン・シュラブ・ローズ、エウロパの妖艶な幾重にも重なる花びらのアップ。このバラは茎やとげがゴツゴツしているので、ポテンティラを添えて植栽されている。ページからはむせかえるようなバラの香りが立ち上がってくるようだ。

次の見開きは、ランブラー・ローズの白い妖精のような小さな花。つるバラが屋根を覆うように咲いている。

特集の解説は、バラの無農薬栽培に自力で成功した、あの梶みゆきさんとバラ研究家の高木絢子さん。二人の文章は、バラ栽培を通じてガーデニングそのもののとらえ方を示唆していた。と同時に、バラ美学であり、バラ植物学、バラ文化論、バラ歴史学ともいえる趣を呈している。

梶さんの文章から、『ビズ』が展開した特集がどのような基軸によっていたのかが、よく分かるだろう。また、ここにガーデニング雑誌『ビズ』の横顔がのぞいているともいえる。

「イングリッシュ・ガーデンの、いっぱい花をつけたつる性のバラ、ランブラー・ローズは、大きく波打つドレープをもっていて、まるで由緒あるマナーハウスの、壁面を飾る豪華なカーテンのように見えます。このバラの足元には、むき出しの地面よりも、やはりバラとの配色を考えて吟味して選んだ、美しく立体的な花の絨毯が似合うのではないでしょうか」

梶みゆきさんは、バラの性質を見極めたうえでの助言を、ていねいに解説する。庭をつくる人はガーデン・ペインターだと梶さんは考える。キャンバスはガーデン、そこに花々によって絵を描くように庭を仕立てるべきだともいう。

「ガーデンのオーナーやガーデナーは、ちょうど画家がデッサンを繰り返しながら、形と形とのバランスを考えるように、ガーデンの中で隣り合う花の種類と大きさを模索するのです。タブローの中で色と色との取り合わせを追求するように、隣り合う花の色のハーモニーに工夫を凝らします。しかも、ガーデンというキャンバス、植物という絵の具は、常に変化していくという特徴をもっています。季節によって花の色は微妙に変わりつづけます。花の咲くとき、咲かないときがあります。葉の色も変化します。そして何よりも、一年一年ヒロインも脇役たちもともに成長しつづけていくのです。ガーデンという絵は、決して一朝一夕には出来上がらないものなのです。ガーデン・ペインターは、焦ってはなりません。時間をかけて、忍耐強く、自分の理想とする絵をつくりあげるために、努力しつづけなければならない。しかしそれは、私たち植物を愛する者にとって、大きなよろこびでもあるのです」

この文章は、つる性バラ、ドクター・ヴァン・フリートのパールピンクの花がリンゴの古木に絡まって見事な花を咲かせている写真に添えられていた。

ページを繰ると、メアリー・ローズの紫の花、キャサリン・モレーの白に近いピンクのバラが咲いている写真。

次の見開きには、石垣に沿ってクリムソン・ローズ、同じ時期に咲くライラック色のクレマチスの花のアップ。左ページには、四季咲きのセシル・ブルナーがポールから流れ落ちるように咲いている。次は一転してアメリカのカリフォルニア、ナパ・バレー丘陵地帯の夕景である。夕日を浴びて、ピンクのイスパハンと真紅のロサ・フェティダが咲き誇っている。

バラを愛する情熱を持つ人々

特集は、残りの二つの見開きを、一種の「バラ名鑑」とした。小さな花の写真が並び、それぞれの名前が記されている。文とバラ名監修は、バラ研究家でバラづくりの長いキャリアを持つ高木絢子さんに依頼した。

バラは新種の作出によって多種多様な個性を持つ種になり、いまも新種が作出され続けている。

そしてその香り。高木さんは書いた。

「(要約) 一輪のバラに含まれている香りの成分は、実に六百種以上もあることが、最近わかってきました。これはバラだけが持つ優れた特質であり、その交雑の歴史と深く関わっています。そして、その香気成分の量や配分バランスによって、異なった香りが生まれているというのです（中略）。毎日庭に立つと、朝十時ごろからの午前中がいちばん香るように感じられるのも、太陽に温められたバラが、その花びらをゆっくり開き始め、香気成分を立ち上がらせるからです。このことは、花の芯をしっかり巻いていてなかなかほぐれにくい形のバラより、ゆるやかに、おおらかに開花するバラに香りの良いものが多いことにつながっています。」

写真は、代表的なバラの花と名前がフィルムの一コマ一コマに配されて終わる。

同じ号の次のバラ特集は、伊豆半島三島に開設されたバラ園の物語である。

「バラ園にかけた情熱」というタイトルで紹介した記事は、一九九四年、三島にオープンした「三島ローズヒル」の物語である。

この記事では、約二千坪、八百種五千本のバラを植えた広大なバラ園にかけた人物の情熱物語をレポートした。バラを描く画家、中田邦子さんが、個人的なバラの庭を作ろうと三島市近郊で土地探しをしているうちに、その話を伝え聞いた人々が協力し、いつしか町おこしの事業となってバラ園が育っていく物語である。中田さんはバラの咲き始める五月、朝四時になると作業に取り組んだ。花や芽の整理だけでも大変だった。相手は五千本のバラである。剪定作業は果てしなく、右手の親指は変形し、腱鞘炎にもかかった。開花期には、睡眠時間三、四時間で作業に没頭する日々。

自分の育成するバラの花を眺めるのは痛くなった腰をのばすときぐらい。手入れをするとバラが応えてくれる喜びが中田さんの背を押して、見事なローズヒルが出来上がった。

ところが土地問題が持ち上がって、このバラ園が閉じられそうになった。呆然とする中田さんは冬、木枯らしに吹かれて泣くようなことがあった。するとどうだろう、修善寺近くに土地を提供するという話が舞い込んだのである。

バラの神様が助けてくれた、と中田さんは感激する。その後、五千本のバラは無事修善寺近郊の新しいバラ園に移植された。

このような情熱物語を生むほど、バラは魅力的だった。そして『ビズ』は、このようなバラについての特集を、あらゆる角度から照明を当てて組み続けたのであった。

フジフイルム　スクエアで開催された「輝くバラたちの庭」展。撮影：中野昭次

同展出品。国営越後丘陵公園の白バラの花綱（ガーランド）。撮影：桜野良充

その2　四年ごとに開催され、逸材が続々デビューした「ビズ・ガーデン大賞」

ガーデニングブームが盛り上がってきた一九九七年から始まった「ビズ・ガーデン大賞」は毎回春号の誌上で募集を開始し、九月一日が締め切り、グランプリ発表は冬号（十一月十六日発売）と決めていた。ほぼ一年がかりのコンテストである。

応募は2Lサイズの写真十枚をA2サイズのパネル二枚にレイアウトし、指定の応募用紙に必要事項を書き込むという、なかなか手間のかかる方法をとった。植栽されている植物名や庭全体の図面とともに、デザイン意図もしっかりと書くことになっていたので、写真審査といっても実際の庭とのブレは少なかったと思っている。

1回目一九九七年、2回目はキリのいい二〇〇〇年開催として、その後は四年ごとのオリンピックイヤーに実施した。この間隔の取り方は、雑誌という回転の早い世界では、奇妙に間の抜けた感があると思われるかもしれないが、ガーデナーの動向を知る上では大変適していたと思っている。ガーデンは、植物時間でゆっくりと動いていた。

応募作品には毎回、その時代の傾向が見て取れた。そこには、ガーデン&ガーデニングに対する読者の好みの変化、地域性、浸透ぶりなどが浮かび上がっていた。また、初期の頃には土の問題、肥料の種類などなど、ガーデン資材の選択肢の少なさを嘆く声も寄せられた。

イングリッシュガーデンへの憧れ一色だった第1回、雑木林や日本の植物への回帰という意識の揺り戻しがかかった2回目、そして二〇〇四年開催の3回目では、地域的に農村や山村からの応募が増え、上位受賞者は、コメ農家や果樹農家の人たちだった。土との付き合いのプロたちが、暮しに花の彩りを求めて、庭を介した近隣とのお付き合いを始めていたのである。

4回目の二〇〇八年になると、都会の住宅街からの秀作が目立った。豊かな植物知識を生かした、小さくても見応えのある〝絵になる庭〟の応募作品を見て、日本のガーデンもついにここまで到達したか、と感慨にふけったことを思い出す。つまり都市部のガーデンは、屋外へと延長された新鮮な生活空間として誕生し、アウトドアルームとも呼ばれた。

5回目の二〇一二年は〝花と緑のある暮らし部門〟からの応募がグランプリをとった。ガーデンからいかに豊かな楽しみを紡ぎ出すかという、知恵のある生活ぶりが伝わる秀作だった。そこにはガーデンと共に暮らすライフスタイルが確立していた。

最終回となった6回目の二〇一六年は、特別養護老人ホームの副園長を務める女性が一人で作り上げたセラピーガーデンで、コンセプトは時代性を反映し、デザインもよく練られた力作だった。この庭は、和歌山のミカン山が迫る無人駅の近くにあった。地元の図書館で借りる園芸書と、発売日に買い求め続けた『ビズ』や洋書を教材にして、独学で身につけたガーデニングスキルだと聞いた。日本は全国どこにいても、得られる情報に不足がないように思えた。

応募数は、初回の九百八十八作品から徐々に減少し、最終回は二百九作品となったが、クオリティの高さにはいつも圧倒された。そして特筆すべきは、毎回ここからガーデン界のスターが誕生し、編集部に全国規模の優れたガーデン取材網が広がっていったことだ。全国的に知られることになるオープンガーデンのリーダーたちが、ここから何人もデビューしていった。誕生して間もない日本のガーデン界で、編集者が抜きん出た才能と出会う機会はとても大切なことだった。
グランプリだけでなく、特別賞や金賞、優秀賞などにも、将来のガーデンの可能性を示唆する作品が並んだ。第1回では、コンピューター上にガーデンを作り、仮想空間でガーデニングを楽しんだり、ネットにつないで世界中の人と情報交換ができるという先駆的な作品もエントリーされている。一方、町づくりの基本となる近隣地域へ、花の庭で美しい景観を提供しようという実践型の話題も審査員の注目を集めた。

応募用紙には、庭づくりの苦心や庭の美点を書く欄を設けてあった。そこに綴られた思いのこもった文章は、自然観や美意識が深く、ガーデニングを楽しみとする姿勢がまっすぐに伝わり、大いに共感したものだ。編集部としても、審査員の皆さんにじっくりと応募者の人となりを理解してもらうために、審査会では毎回、スタッフが丁寧にこの用紙を読み上げることにしていた。庭には果てしなく大きなエネルギーと人生模様が織り込まれていて、尽きることのない魅力がある。

◆ビズ・ガーデン大賞グランプリ受賞者の紹介

第1回　一九九七年

奈良県〈小さな庭部門〉吉村治代さん（三十五坪）――森の小径を抜けて隠れ家の庭へ
〇海外生活を経験して帰国した吉村さんは、この時点ですでに理想的な庭を作っていた。バラの絡むアーチと趣味のいい木製フェンス、ガーデンチェアとテーブルを設えて、日々、庭を暮らしの場としていた。編集部では、吉村さんの身についたライフスタイルを伝える企画として、テーブルセッティングやガーデンレシピなど、夢のある記事を掲載した。

宮城県〈大きな庭部門〉T.U.（四百坪）――ラベンダー香る海辺の小さな雑木林
〇広いデッキの周囲にラベンダーが群れ咲いて、雑木林に続いている。背景に見えるのは雰囲気のある洋館（自宅）と、巧まずして調和のとれたガーデンシーンができていた。T.U.さんの大切にしている落ち着きのある佇まいに共感が持てたのである。ところが二〇一一年三月十一日、海辺にあったこの庭は、東日本大震災の津波で破壊されてしまう。庭は、この頃すでに、「オープンガーデンみやぎ」のメンバーの瀬上京子・正仁夫妻の所有に代わっていたが、こうした縁がきっかけになって、「3・11ガーデンチャリティ」の最初の復興支援先が、ここに決まった。

第2回　二〇〇〇年

福岡県　真島康雄さん（四十五坪）――無農薬で育てたデッキのある花園

○創意工夫に富んだ開業医の真島康雄さんの庭は、水はけの悪い土地という条件から、ウッドデッキとレイズドベッド（高床花壇）で基本構造を作り、そこに雑木林の趣と、バラを中心にした華やかな植栽を配して完成。奥には洋風に仕上げた倉庫がフォーカルポイントになっている。『バラの園を夢見て』には、目からウロコとも語る。受賞後も虫の観察を続けて、やがてバラの無農薬栽培に独自の方法を打ち出す。『ビズ』の人気連載シリーズをまとめた著書『バラの診察室』はロングセラーになり、〝バラ界のファーブル先生　Dr・真島康雄〟のニックネームが定着した。

第3回　二〇〇四年

北海道　上野悦子さん・上野砂由紀さん（千六百坪）――北海道に農場ガーデンが誕生

○上野さん一家は、北海道の旭川でコメ農家を営んでいたが、農村を美しくと、田んぼのあぜ道に母・悦子さんが花を植え始めたところから、庭づくりの構想が始まった。娘の砂由紀さんは英国留学も経験し、帰国後、北海道らしいガーデンとして上野ファームづくりに取り組む。庭中央にミラーボーダーを配し、多彩な植栽で圧倒的な完成度を見せた。グランプリ受賞で全国に知られる存在となり、二〇〇八年には倉本聰脚本の『風のガーデン』の舞台となる庭をデザインする。「上野ファーム」「風のガーデン」ともに、北海道の人気フラワーガーデンとなって、現在ではガーデンツーリズムの要としても頑張っている。著書に『上野砂由紀のガーデン花図鑑』（ビズ編集部編）他。

第4回　二〇〇八年

神奈川県　前田満見さん（三十坪）――生け花で身につけた植物センスで小さな庭を育む

○小さな庭部門から初めてのグランプリ受賞となった住宅街の庭。前田満見さんは幼い頃から母に小原流生け花の手ほどきを受け、和洋の植物に広く深い知識を持つようになる。穏やかな緑が息づくようなガーデンの植栽は見事なレベルだった。家族の生活に寄り添いながら七年をかけて育ててきた庭には、各自がくつろぐガーデンチェアや水鉢、ランタンなどがレイアウトされ、用の美を備えて温かい。受賞後、『ビズ』誌上で長期連載を受け持つことになったが、そのうちの『小さな庭で季節の花あそび』がムックとなり出版された。〝家はシンプルで良い。庭も小さくて良い〟の言葉に、前田さんの生活信条が光る。

第5回　二〇一二年

北海道　山崎亮子さん（六百坪）――のびやかな子育てができる家と庭を目指して

○山崎亮子さんは「花と緑のある暮らし」部門で応募し、グランプリを獲得した。その暮らしぶりはガーデン愛好家なら誰でも憧れるカントリーライフそのものだった。北海道の大地で繰り広げられる山崎一家の自然と共にある暮らしは、亮子さん自身の手になる克明なイラストと、花の季節の生活写真で構成されていた。特にそのイラストは、アートディレクターで審査員の長友啓典さんも高く評価するレベル。グランプリ発表の81号に引き続き、82号では八ページ構成の特集として掲載されている。タイトルは「北海道　山崎亮子さんの暮らしの見取り図」。ハーブの勉強も続けていて、庭の恵みは暮らしの隅々まで行き渡っている。しかし、亮子さんは以前から原因も病名も判明しない病魔に侵され、ずっと痛みと闘っているのだ。時には地を這うようにして、植物の手入れをしているという。「庭はいつどんなときも、生きる希望と明日への夢を与えてくれます」、不屈の精神で、亮子さんはカントリーライフを続けている。

第6回　二〇一六年

和歌山県　橋野美智子さん（二百坪）——「ガーデンセラピーの庭」

○美智子さんが独学で身につけた造園技術で作り上げた「ガーデンセラピーの庭」である。審査員の心をつかんだ応募用紙の文章に、「宝石よりもレンガが好き」というフレーズがあった。ユンボも扱えば、コンクリートミキサーも相棒。本業は特別養護老人ホームの副園長で、時々入居者をこの庭に招き、ここでくつろぐ皆さんの笑顔からも庭の持つ力の素晴らしさを実感していると語る。庭は、レンガの壁泉、ベンチ、仕切り壁などの構造物を、手入れの行き届いた緑の芝生が囲み、渋めの色調に抑えたボーダーガーデンへと続いている。ミカン山が迫る和歌山県の無人駅・湯浅から程近い住宅街の庭である。十八年をかけて作り続けた、堂々たる英国庭園だ。

橋野美智子さんのグランプリ受賞の庭。思わず感嘆の声が出る（撮影：八木）

その3　庭仲間のネットワークが全国規模で広がった　オープンガーデンの誕生

私が初めて訪れた英国で、チャリティを目的としたオープンガーデンの全英組織（ＮＧＳ）の存在を知り、新雑誌のメインテーマをガーデンに決めたことはすでに書いた。しかし、その時点でも私は、〝将来日本にオープンガーデンを広めよう〟とは思わなかった。日本では難しいだろうと決めてかかっていたのだ。

東京に住んでいると、日本の住宅事情の世知辛さがイヤというほどよく分かるし、まして来客に自宅を案内して見せるという習慣のない国だ。自分で作った庭を一般公開するなんてムリ、ムリ、ましてチャリティ目的のお金をもらうなんて絶対ムリと思い込んでいたのだ。

しかし、二度目の渡英で知った、たった一ページで紹介しただけのイエローブック情報に飛びついた『ビズ』読者の熱意の凄さ。何かとんでもないエネルギーの膨らみを実感したのだ。何度も書くけれど、これは嬉しい誤算だった。

本当におかしな話だけれど、私が気にした日本の社会の〝チャリティ精神の希薄さ〟とか、〝ガーデンが内包する社会性〟などといった頭の中の理屈は、庭好きたちにはものの見事にスルーされた。庭を作り始めた人たちにとっては、オープンガーデンこそが魅力のポイントであり、ガーデニングの目的となった。地元の仲間が集まってダイナミックに催す、頑張れば実現可能なイベント・アイデア……それも真新しい発想のイベントだった。

ガーデンの普及を考え続けていた編集部ではあったけれど、オープンガーデンに〝私もやりたい〟と続々と腰を上げる読者たちの行動力には、いつも押され気味だったような気がする。ガーデンを作るだけでも大変な仕事なのに、このパワーはどこから出てくるのだろう。

オープンガーデンという発想が、ガーデン普及の力強い後押しになったことは間違いなさそうだ。無理と思い込んでいたはずのビズ編集部も、それからはオープンガーデン情報を積極的に送り出していく。一九九七年にはNGSの会長、ダフネ・フォーシャムさんが来日して、英国大使館で『ビズ』主催の講演会を開いている。来日に際し、この年の春号では大々的に「イエローブック物語」を特集した。副題は〝王室と共に歩んだNGS70年の歴史 英国ガーデン界チャリティ精神の奥行き〟となっている。扉ページにはNGSのパトロン、エリザベス皇太后の勲章をつけたフォーマル写真を一ページ大で使った。

前文もご紹介しよう。

ガーデン愛好家が親しみを込めて呼ぶ「イエローブック」は、英国のプライベートガーデンを訪れるための〝バイブル〟。この本は、ガーデンを愛する人々が、その心をチャリティに結び付け、発展させた、70年のストーリーに支えられています。

日本のオープンガーデンの先駆けといえる「イエローブック岡山」の西原悦子さんが『ビズ』誌上に初登場して注目を集めることになったのは、二〇〇〇年の第2回ビズ・ガーデン大賞だった。「ガーデン・サークル部門」の金賞を受賞した彼女は、岡山市郊外の長利に点在する家々を核とした百一軒をまとめ、一九九九年にはオープンガーデンを初成功させていた。徹底していたのは、英国スタイルに則って、ガイドブック「岡山版イエローブック」をていねいに作り、自費出版したことだった。応募用紙には、この年のオープンガーデンでは一軒の庭に一日八百人もの来場者があった様子が報告されていて、新しいイベントに周囲の関心がどれほど集まったかが想像された。

悦子さん率いる「イエローブック岡山」は、受賞後十年間、勢いを増しながら日本のオープンガーデン界を牽引する団体へと育っていった。ご本人は「まるで飛ぶ鳥を落とす勢いだった」と笑う。夫、西原哲也さんは人望が厚く、陰になり日向になりして悦子さんと「イエローブック岡山」のために尽くし、編集部の取材にもきめ細かく対応してくれた。婦唱夫随の仲の良さは、オープンガーデン成功の鍵の一つかもしれない。

編集部からの電話で金賞受賞の報を受けた悦子さんは、受話器を持ったまま嬉し涙を流してくれた。コメントの中で、『ビズ』四十五冊から汲み取ってきた庭づくりの魅力が、こういう成果につながりましたと語っている。西原夫妻は、ビズ・オリジナルの旅、「英国夢の庭めぐりツアー」にも参加して、本場のガーデンに触れていた。庭には楽しく学べるタネがたくさん詰まっているということなのだろう。

オープンガーデン人気の中心にあるもの

オープンガーデンのムーブメントが一気に全国へと広がりを見せた理由には、日々を暮らす生活圏内で、ガーデニングを趣味とする友人たちの輪が広がることによって、その結果、庭が大きな力を生むことに気付いたからだろう。

それぞれの庭を見せ合う楽しさはもちろん基本だが、メンバーが五十人、百人と増えていけば、自分たちの独自性を生かしたガーデン見学会、ガーデンコンサート、講演会、ガーデンパーティなど、人生をポジティブに楽しむ企画はいくらでも実行可能になる。私も何度か参加させていただいたが、そうした集まりのエネルギーは大変なものだった。

その核になる女性たちには、料理、花生け、クラフト制作などなど、手仕事に長けた人が多く、〝集い〟を盛り上げることでも、もてなしのプロともいえる実力を発揮していた。オープンガーデンが瞬く間に普及していったベースには、日頃培った彼女たちのこうした暮らしのスキルがある。そして庭という花のある新鮮な舞台を得て、それが存分に発揮できたということも要因の一つだろう。

編集部に寄せられた、庭づくりの喜びを綴る読者のお手紙には、「大地に絵を描くように花を植える」「花と対話するように、朝の水やりをする私だけの至福の時間」など、自分自身の心の充足を語る言葉が多い。また、「庭の手入れをしていると、〝散歩でこちらの庭を見るのが楽しみ〟などと知らない方からも声をかけられる」といった言葉も。オープンガーデンは、こうしたたくさんのガーデナー個々の思いを一つに結びつける役割も果たした。まさに同じ思いを抱く仲間が、全国あちらこちらでグループを作り、大きなムーブメントになっていったのだと思う。ガーデンを介した地域のガーデナーたちのつながりは、やがて花の町づくり、住宅街の景観についても関心が向いていく。

大野八生さんが描く楽しいオープンガーデン

英国のオープンガーデンがチャリティを目的にした大組織として存在するのに対し、日本での展開は、あくまでも庭を介して人と人とが交流し、植物を愛する友人の輪を広げることに主目的を置いた。日本では一九九五年あたりから北海道の「ブレインズ　種まく私たち」が活動を始めており、二〇〇〇年頃には全国各地にオープンガーデングループができていた。二〇〇七年の『ビズ』早春号（46号）には、企画記事「特別レポート　全国に広がるオープンガーデン」が掲載され、公開される庭が勢いを持って増えている様子が伝えられている。このときのレポートでは、誌上で掲載された各グループのメンバー数からカウントして、オープンガーデンを行っていると確認できる庭が約一千軒あった。

この「特別レポート」のページ構成とレイアウトデザインでこだわったところといえば、オープンガーデンの雰囲気を生き生きと伝えるイラストレーションの多用だった。この頃には、すでに『ビズ』のガーデン記事の顔になっていたイラストレーター、大野八生さんが描く人々のユーモラスな表情や、作業中のガーデナーの動作が抜群の楽しさを添えている。記事中のイラストに登場する人物を数えてみたら、約五十人だった。

◆主だったオープンガーデン団体の紹介（二〇〇七年『ビズ』46号掲載）

ブレインズ種まく私たち（北海道）代表者：内倉真裕美
オープンガーデンいわて（岩手県）代表者：吉川三枝子
オープンガーデンみやぎ（宮城県）代表者：瀬上京子
オープンガーデンいわき（福島県）代表者：加原世子

ONE LEAF Open Garden（福島県）　代表者：中村良美
深谷オープンガーデン花仲間（埼玉県）　代表者：中島 洋
ながれやまガーデニングクラブ花恋人（千葉県）　代表者：國府田 誠
伊豆ガーデニングクラブ（静岡県）　代表者：森下一義
オープンガーデン浜松（静岡県）　代表者：木村智子
オープンガーデン オブ 信州（長野県）　代表者：稲葉典子
おぶせオープンガーデン（長野県）　代表者：小布施町役場（事務局）
ＧＩＦＵオープンガーデン協会（岐阜県）　代表者：岩﨑幸子
三田花と緑のネットワーク（兵庫県）　代表者：髙嶋清子
花ネット神戸（兵庫県）　代表者：スタッフ六名の合議制
イエローブック岡山（岡山県）　代表者：西原悦子
オープンガーデン北九州（福岡県）　代表者：平山由夏
チェルシークラブおおいた（大分県）　代表者：原 千砂子
オープンガーデン　サン・フラワー宮崎（宮崎県）　代表者：新名れい子

■ここにあげた代表者のうち、ほとんどの方は、今現在もガーデン界ではよく知られた存在で、息の長い活動を続けている。ガーデンを深く愛する、実力のあるリーダーたちだ。後に『ビズ』をベースにした「3・11ガーデンチャリティ」設立メンバーとなる内倉真裕美さん（北海道）は、盟友・梅木あゆみさんとともに「ブレインズ種まく私たち」を日本で一番大きな組織へと育てている。

ハンギングバスケットとコンテナガーデン

ガーデニングの入り口はいろいろで、鉢一つからでも始められる。とはいっても、その鉢植え技術が現在では大変なことになっている。

ひと鉢に何種類もの草花を植え込む寄せ植えスキルは、異なる植物を共存させながら、彩りやボリューム、質感などで調和を図るとても高度なものになっている。角形や円形の鉢を使うコンテナガーデンと、ハンギングバスケットと呼ばれる二種類がある。ハンギングバスケットには、用途に応じて半球形の壁掛け式と、球形がある。コンテナもハンギングも、基本ベースとなる資材に根付きの草花を差し込んでいって、小さな世界で花の命を繋いでゆくのは同じ。どちらも、生け花や盆栽の伝統を持つ日本らしい美意識とスケール感、そしてバランス感覚が基底部に息づいている。鉢一つの小さなスペースながら、その制作に技を競い、極めていく研鑽の姿勢には、日本人気質が滲んでいるように感じる。世界中のコンテナガーデンやハンギングバスケットと比べても、日本が到達したレベルはトップクラスだと思うが、街並みデザインという公共の景観づくりに一役買うところまでは、なかなか広がっていないのは残念である。

ガーデンと違って、装飾的に扱えることと、サイズが小さく作品を持ち運べるという特徴が、日本のガーデニングムーブメントを押し進める上でも力を発揮した。各地で行われるガーデニングショーでは、どこでも必ずハンギングバスケット、コンテナガーデンのコンテストが催されている。場所も取らず、主催者側も多くの参加者が見込めるので、ショーを盛り上げる上で欠かせない。また、一般の来場者に参加を促して、ワークショップで作り方講座などを行うのにも適している。

オープンガーデンを開くほどのガーデニングスキルを持つ人たちは、皆、自分の庭の一角にこうした寄せ植えの鉢やハンギングを制作して飾っている。ガーデニングの普及に、ハンギングやコンテナガーデン（※）が重要なポジションを占めていたのは確かである。

（※）ハンギングバスケット協会

「日本ハンギングバスケット協会」の設立は一九九六年。名古屋でおしゃれ園芸を提唱していた坂梨一郎氏（故）とガーデン資材メーカー伊藤商事の伊藤孝巳氏が、ＲＨＳＪ（英国王立園芸協会日本支部）内に資格認定団体として設立した。現協会代表は、当初から理事を務めていた武内嘉一郎氏。会員数は二千人弱、公認講師六十名、本部講師六名。二〇一五年には一般社団法人格を取得し、二〇一八年現在で、全国に三十三の支部を置くまでになっている。（ＲＨＳＪは、二〇一五年に解散し運営が終了している）

ちなみに「ＲＨＳＪコンテナガーデニング協会」の設立は、二〇〇一年。将来の都市緑化に不可欠となるコンテナガーデニング（ハンギングバスケットも含めた）を、専門講座開催を軸として普及啓蒙していこうと設立された。講座の内容や会報誌発行等、協会の活動企画を任されたのが、八尋和子さん（故）だった。しかし、このコンテナガーデニング協会は、ＲＨＳＪの解散とともに消滅。現在は多くのデザイナーたちが個人で活発な活動を続けている。

その4　英国夢の庭めぐりツアー開催

来る日も来る日も、どうしたらガーデン&ガーデニングを全国に広めていけるかと考えていた頃、思いがけない提案が舞い込んできた。それは旅の企画だった。読者には『ビズ』誌上で紹介される英国のガーデンをじかに見たいという潜在的なニーズがあるということを、いち早く捉えた阪急交通社からだった。阪急百貨店グループは一九九二年には英国ナショナル・トラストと契約を結び、オリジナルグッズの販売コーナーを各百貨店内に設置していた。『ビズ』への英国ナショナル・トラストの連載記事提供など、文化的な販売促進にたけた企業でもあった。阪急百貨店に籍を置く海外部の担当者には、石井直樹さんという逸材がいた。この人が社内の仕事領域をまたぐ形で、〝英国ガーデンめぐりの旅〟という企画を立ち上げたのである。石井さんはロンドン支社駐在歴も長く、ガーデン文化にも関心の高い人だった。〝花の咲く庭のハイシーズンにグループツアーを催行し、英国の庭文化にじかに触れる旅としたらどうか〟という明快なコンセプトが示された。

一九九四年から始まったこのガーデンめぐりツアーは、訪問先の決定からスケジュール構成、庭主との交渉、『ビズ』の募集広告ページ作りに至るまで、石井さんが八面六臂の活躍をした。何といっても、先方も日本人の団体旅行者を受け入れるのは初めてのところばかりである。礼を尽くし信用していただくしかない。この訪問先の決定にしても、石井さんが自分で訪れたことのない庭が多いのだから、情報をもとに想像力を膨らませ、賭けに出た部分もあったと思う。このビジネスにはセンスも大いに求められた。ガーデンからガーデンへと移動するのも、果たして大型バスが通れる道ばかりかどうか。庭が田園地帯に点在する、距離の測れないコースも結構あった。田舎ではしゃれたコテージ型ホテルはあっても、参加者全員が同じ条件のサービスを受けられる大型ホテルは限られている。ビジネスとはいえ、ガーデンめぐりのツアー作りという道無き道の開拓は、旅行業界のパイオニアとして大変な苦労と同時に達成感も得られる、ちょっと変わった大仕事だったはず。こうしてその後、毎年新たなテーマを設けて二十年も催行されたツアーは、ささやかながらガーデンという仕事に関心を持つ若い人たちをも呼び込み、参加者の中には、帰国後にガーデナーの道へと入られた方々も少なくないと聞いている。
以下、その石井直樹さんが、庭めぐりツアーを振り返ってまとめた文章を記す。

寄稿

『ビズ』の旅二十年の歩み　一九九四～二〇一四

石井直樹

英国ナショナル・トラスト（NT）と『私の部屋ビズ』の共同企画で「二十一世紀へ託す美しき遺産」のタイトルの下で、NTが保護してきた歴史的遺産を紹介するシリーズが一九九三年に始まった。ピーターラビットの作者ビアトリクス・ポターやチャーチル、バーナード・ショー等々、著名な英国人が暮らした住居、庭園を案内するもので、このシリーズは『ビズ』読者から好評を博した。この好意的な反応に勇気を得て、翌一九九四年から始まったのが「英国　夢の庭めぐりツアー」。後年、タイトルは「英国庭園　心の旅」に変わる。

最初の数年はNTオフィシャルツアーとし、NTを代表するシシングハーストやモティスフォント・アヴィー等の庭を中心にめぐるもの。その後、毎年テーマを決めてストーリー性を重視し、他のツアーでは訪れることのできない庭、お目にかかれない人との出会い、体験できないイベントなどを加えて、旅の内容のより一層の充実を図った。

毎回多数の方のご参加を頂けた。一九九四年は四十八名、一九九五年百六十三名、一九九六年百十五名、一九九七年百七十六名、その後は毎年二グループ、四十〜六十名の参加を得た。

訪れる庭園を選ぶに当たっては、優れた情報ネットワークに助けられた。具体的には、『ビズ』のガーデンフォトグラファー、アンドリュー・ローソン氏やジェリー・ハーパー氏の助言を適宜受けることができたこと。NTの全面的協力を得られたこと。また、これはごく一般的なものではあるが、英国全土を網羅したイングリッシュガーデンを紹介する詳細なガイドブック〝The Good Gardens Guide〟とNGSの〝Yellow Book〟があったこと。この二種類のガイドブックを想像力を膨らませながら丹念に読み込み、庭の選別をした。加えて、一度訪れた庭園のオーナーやガーデナーと交流を続けることによって、彼ら彼女らから、訪れる価値のある庭園情報や助言を得られた

八月の夕暮れ、アンドリュー・ローソン氏の自宅の庭にて（撮影：八木）。写真右はオブジェに変身させた十月桜を背にして立つアンドリュー氏

ことも大きかった。信頼できる感覚を持った人からの情報ほど確実なものはない。旅行業界初となる〝英国庭園めぐり〟というジャンルの開拓は、一にも二にも、根気と現地とのコミュニケーションあるのみだった。

毎年、旅のテーマに沿った庭を選択してからは、各庭のオーナーたちと細かな打ち合わせをした。各庭主にはツアー参加者へのガーデン説明をお願いし、できるところではお茶やクッキーのサービス、時には室内の見学や、現地のガーデン愛好家たちとの交流会なども開いた。とりわけ人気が高かったのは、アンドリュー・ローソン氏の自宅訪問だった。コッツウォルズで一番小さい庭（といっても三百坪）と、手仕事でリフォームを重ねた温かみのある自宅内部の公開は、ガーデン好きの暮らしぶりを知る機会としては別格の楽しさがあった。

募集広告で重視したことは、各庭のイメージ写真のクォリティだった。ビズ編集部とNTの写真ライブラリーがバックに付いていたので、その点でも最強だったといえる。結果、インパクトの強い募集広告になったと考えられる。

現地での対応としては、ツアーガイドの質に神経を使った。これには〝英国庭園をめぐるには、その水先案内人次第で旅の印象は大きく変わる〟という、ビズ編集部の強い信念もあった。その結果、ガイドも添乗員も毎年同じ人が同行することになり、知識と経験を重ね、参加者の満足度を高めることに成功した。ツアー料金については、オリジナリティあふれる旅にしては、お値打ち感のある四十万円前後に設定できた。

先述した情報ネットワークが有機的に機能して訪問が可能になった庭園が、二〇〇六年に訪れたチャールズ皇太子の庭Highgrove（ハイグローブ）。『ビズ』誌上で皇太子の庭を複数回にわたって紹介するシリーズが行われていて、写真を提供していたのが、アンドリュー・ローソン氏だった。この特別な庭を、ツアーのコースに加えられないものだろうか……。アンドリュー氏に可能性を問い合わせた。当時、ハイグローブは一般にオープンされておらず、訪問はリクエストベースで可否が判断される。アンドリュー氏のアドバイスに沿ってハイグローブに直接手紙を書き、アンドリュー氏のこと、『ビズ』の連載のこと、毎年行ってきた『ビズ』の旅のこと、NT（ナショナル・トラスト）との関連のことなどを記す。しばらくして、訪問を受け入れますとの返事があった。ただし、告知には、皇太子、ハイグローブの名を載せないこと、それなりの衣服、現地警察のパスポートチェック、現地での写真撮りはお断りが条件であった。この訪問は『ビズ』以外のツアーでは決して実現しなかったと思う。

『ビズ』の旅が旅行業界に与えた影響について：

九〇年代前半はまだパリ、ロンドン、ローマといった観光地巡礼型で、国や都市の表面だけを観る海外旅行が主流だった。そんな中で『ビズ』の旅は、ガーデンをテーマに据え、ガーデンを通して英国の暮らし・文化を体験できる旅というものだったので、観光地を訪れるだけでは飽きたらなくなっていた人たちの要求に応える新しい企画として旅行業界で注目されることになった。『ビズ』の提唱する庭のある暮らしに賛意を表す読者には、誌上で紹介された庭を自分の目で見て確認できる機会を提供する旅として支持された。『ビズ』の旅の成功を受けて、阪急交通社以外の多くの旅行会社もガーデンをテーマにした旅を催行し、業界におけるガーデンツアーのジャンルが確立されていった。しかしその大半は、他の旅行会社が『ビズ』の情報ネットワークに類するものを有していなかったため、結局、シシングハースト、ヒドコート・マナー、モティスフォント・アヴィーといった代表的庭園巡礼型の旅になってしまったように思える。

「英国夢の庭めぐりツアー」は、ガーデン専門誌と旅行会社のコラボレーションが見事に機能した例といえよう。

コラム

ガーデニング・ブームへの最終点火

一九九六年朝日新聞の記事について

一九九六年六月一日、朝日新聞の夕刊第一面トップに「〝猫の額〟で英国風園芸」という大きな記事が載った。なんとも皮肉なタイトルである。猫の額をわざわざカッコに入れてあるので、皮肉を利かしてあることが、よけい目立つようになっている。

しかし、記事そのものはガーデニング・ブームの急速な広がりを綿密な取材にもとづいて紹介したもので、ＮＨＫの「趣味の園芸」のテキストもガーデニング情報に力を入れ始めていることや、東京の銀座三越の屋上に英国直輸入品をそろえた園芸ショップがオープンしたこと、英国へのガーデンツアーにお客が殺到していること、さらには不動産業者までが英国風の庭園付き住宅を売り出し、それが結構人気を集めていることなどが報告されている。英国政府観光庁や英国王立園芸協会日本支部（ＲＨＳＪ）にも取材して、そのコメントを載せたりもしているし、全体としてはなかなか行き届いた、きめの細かいレポートになっているといってよい。

この記事を書いた朝日新聞の記者がガーデニング・ブームの取材を始めたのは、書店の店頭にガーデニング関連本が山のように並んでいることに驚いたためだったらしい。しかし、取材を始めて知った一連の社会現象には、どうやら最初は半信半疑だったようだ。私のところに何度も取材に来て、そのウラを取っては、また話を聞きに来る。そしてまたウラを取って、話を聞きに来て……というふうにして、このレポート記事を仕上げたのである。

そんなわけで、この記事には『ビズ』も「ガーデニング・ブームの火付け役」として登場していて、編集長である私のコメントが、こんなふうに紹介されている。

「(ビズの)読者の平均は四十代の主婦。海外ニュースには抵抗のない層で、英国にはこんな豪華な庭園がある、と紹介するガーデン情報は砂地に水が吸い込まれるごとくのようです。本来の暮らしは、自然との共生以外にないと気づき、ヒーリング（癒やし）ブームにもはまったと思う」

当時のガーデニング・ブームは、まとめれば、まさにこの通りだったといっていい。

事実、『ビズ』が毎号発信するガーデン情報が読者に熱烈に受け入れられていく様子は、まるで「砂地に水が吸い込まれる」かのようだったし、ガーデニングが一種の「癒やし」として受け取られている面も確かにあった。

そして、この記事の中で紹介されている英国へのガーデンツアーとは、実は『ビズ』が阪急交通社と共同で企画したもの。一九九四年に初めてガーデンめぐりのコースを設定して募集を行ったところ、たちまち大きな話題となり、その後もツアー発表のたびに全てのコースが完売という人気になっていたのである。

それにしても、さすがは朝日新聞である。タイトルは皮肉だったが、この記事が及ぼした影響は、とてつもなく大きかった。すでに社会現象になっていたガーデニング・ブームは、朝日のこの記事が出たことによってさらに一段と加熱し、花苗や園芸グッズの市場規模が急速に拡大。ホームセンターや園芸ショップは、ガーデニングという新しい楽しみを発見した人々で、連日、大にぎわいという時代になっていったのである。

『ビズ』の編集部にも、テレビや週刊誌の取材陣が連日押しかけてきて、あの「チャールズ皇太子の庭」特集のときを上回る騒ぎになった。

「ガーデニングって何なんですか？」

「これまでの園芸や庭仕事とどう違うんですか？」

私は、何度そんな質問を受けたことか……。

えっ、流行語大賞？

一九九七年の暮れ、私は思いがけない報せを受けた。「ガーデニング」という言葉が流行語大賞のトップテンに入り、私がガーデニング・ブームの仕掛け人として受賞者に選ばれたというのである。私などには生涯縁のない賞だと思っていたので、あまり気は進まなかったが、とにかく東京・丸の内の東京會舘で開かれた授賞式に出席した。

この年の流行語大賞は、渡辺淳一さんが日本経済新聞に連載し、映画化もされて大変な話題になった「失楽園」だった。そして、トップテンに選ばれたのが「たまごっち」「もののけ姫」「郵政三事業」「ガーデニング」など。

受賞者が順番に挨拶することになり、私にもその番が回ってきた。何十人というマスコミ取材陣を眺めながら、マイクの前で「流行の二文字ほど嫌いなものはありません！」と言ってしまった。まずかったかなと思ったけれど、言ってしまったことはもう仕方がない。ただ、私がそうスピーチしている姿が、夜の民放テレビのニュース映像で流れてしまったのには、いささか慌てた。とはいえ、これまた後の祭りだった。

「ガーデニング」という言葉は、流行語大賞に選ばれた翌年、一九九八年には『広辞苑』にも収録され、ごく普通の日本語としての市民権を獲得した。

第五章　東日本大震災と「3・11ガーデンチャリティ」

ガレキの大地を花咲く野原に変える

今にして思えば、庭とチャリティという社会活動の結びつきに、『ビズ』創刊の原点を据えたはずだったが、十九年もの間、まったく何もなさずに、この日を迎えてしまった。

東日本大震災で、ある意味ビズ編集部は、チャリティへの本気度を試された。

大震災直後の三月三十日、雑誌『ビズ』の信用を担保にして、ガーデンチャリティ団体が設立された。

全国に点在するオープンガーデングループ五十団体を核として、それぞれの登録メンバーと、庭を訪れる愛好家たちに呼びかけることになる。

インフラもまだ戻っていない被災地で、花、緑はなかろう……との声も強かったが、しかし、春の庭シーズンはもう目の前だった。

岩手と宮城、両県のガーデンリーダーたちと連絡を取りながら、未体験のチャリティ活動に踏み出した。

「3・11ガーデンチャリティ」を立ち上げる

二〇一一年三月十一日、東日本大震災が起こった。ビズ編集部のある東京・千代田区も震度5強の地震に見舞われ、デスク上の書類は飛び、大型のコピー機までが右に左に動いた。外に出ると頭上で電線が音を立てて恐ろしい揺れ方をしている。逃げ場がなかった。その後、東北の太平洋岸を襲った津波の衝撃的な映像が、続々とテレビに映し出されることになる。

地震を体感し、ニュースを見てショックを受け、自分も立ち上がらなければならないと思った。この日、日本中が同じような心理状態になったと思う。

私は日をおかずに電話で連絡を取り始め、被災地では岩手県の吉川三枝子さん（オープンガーデンいわて会長）と鎌田秀夫さん（仙台・泉緑化代表）、菅原典子さん（オープンガーデンみやぎ会長）が無事であることが分かった。

次に、当時全国で最も大きい団体に育っていた北海道のオープンガーデングループ、「ブレインズ種まく私たち」代表の内倉真裕美さんと「淡路夢舞台温室 奇跡の星の植物館」プロデューサーの辻本智子さんに電話し、〝ガーデンチャリティ〟を目的とした復興支援の拠点を作ろうと誘った。内倉さんの市民活動歴は長く、早くから花と緑のまちづくりで具体的に動いていた。辻本さんは阪神・淡路大震災を経験したガーデンデザイン界のプロだった。数日後、二人が東京の編集部に集まってくれて、私を含め三人で「３・11ガーデンチャリティ」を立ち上げた。設立日は二〇一一年三月三十日とした。

「３・11ガーデンチャリティ」が目指したチャリティの形

定期刊行物の雑誌が母体となって行うチャリティは、どんな形をとるべきだろう。

設立メンバーの内倉さんや辻本さんと話し合いながら、決めたこと。それは、参加してくれた人たちの支援が、今どのような状況なのか。どのくらいの金額が集まっているのか。そして、これから、どのような花と緑の支援が始まるのか。そのプロジェクトには、どのくらいのチャリティ・マネーが投入されるのか。こうした、時々刻々と進んでいく、「３・11ガーデンチャリティ」の今を、二か月に一度発行される『ビズ』の誌面とホームページで、毎号掲載する、としたのである。

つまり、このチャリティの特徴は、活動経過がつねに雑誌掲載され、可視化されるということだった。初めて行われるガーデンチャリティの記録を残すという意味もあったが、今思えば、すべてのプロジェクトに緊張感とスピードが加わったことは確かだった。

活動スタート

最速で『ビズ』誌上にチャリティ団体設立の報を掲載するのは、五月十六日発売・創刊二十周年記念の夏号（72号）だった。原稿入稿は四月第一週、急がなければだめだ。支援金は全国のオープンガーデングループを母体にして呼びかけることに決め、ロゴマークとポスターは長友啓典氏がデザインしてくれた。

全ての活動に使われた大切なシンボルマーク

時、すでに四月。二〇一一年のガーデンシーズンは始まりかけていた。今年行うオープンガーデンでならば、お金を集めるガーデンチャリティにも賛同して行動を起こしてくれるに違いないと、私たち三人は信じた。

「希望の種をまこう――3・11ガーデンチャリティ設立のお知らせ」の記事がまとまるやいなや、全国約五十のオープンガーデングループに印刷物の形で趣意書を郵送した。先方からの希望があればPDFでも送った。お知らせのタイミングは、ギリギリ間に合ったのである。このチャリティの目的は、被災地の失われた花や緑の復興とした。

しかし、花や緑を、どこにどのような形で復興しようというのかが、この時点では具体的にはまだ何も決まってはいなかった。

インフラも全く先が見えていない時期に、花、緑はなかろう、という声も多かった。「3・11ガーデンチャリティ」の活動は『ビズ』誌上で報告すると決めたものの、何かつまずいたら雑誌の命に関わると懸念を示した人もいる。進行過程も着地点も、全く予想がつかない。少人数の編集部が、問い合わせなどで大混乱に陥らないという保証もなかった。思慮深い経験者だったら、さまざまな局面を想定して、この時点で黄色信号や赤信号を出していたに違いない。

実際の話、初めて陸前高田の高台に立ったとき、私たち設立者三人は眼前に広がる津波による被災地のスケールとその荒れ様に言葉を失った。たった三人の小さな組織で何ができるというのだろう、全国のガーデナー、読者を巻き込んで引っ込みがつかなくなるのではないか……考えれば考えるほど、足がすくむような思いだった。

私たちの山をなす不安をよそに、「3・11ガーデンチャリティ」からの呼びかけに対して、全国から続々と力強い反応が編集部に届き始めていた。各地のオープンガーデンを訪れるたくさんの人々が支援金募集に協力してくれていた。震災が起きた二〇一一年の十二月末までに集まった支援金は五百六十七万千六百六十三円、丸三年経った二〇一四年春には総額一千万円に達していた。

ガーデナーの熱気

ガーデンチャリティの活動現場からは、募金の様子をリアルに伝える写真やメールが次々と編集部に届けられた。オープンガーデンを率いるリーダーたちの知恵は、募金活動にも頼もしく発揮され、その多彩な支援金集めの方法には瞠目するばかりだった。

朝、庭の花々を摘んで小さなチャリティブーケをたくさん作って販売した人、ハープの名手に頼んでガーデンコンサートを開き、集まったお客さんたちと〝兎《うさぎ》追ひし彼《か》の山〜（故郷）〟を合唱して被災地への思いを共有した人。懇意にしているバラ苗屋さんから無償提供をしてもらった苗の販売で、支援金をかさ上げした人、バラの無農薬栽培に必要なコンパニオンプランツを販売して大好評を得た人。また、アフタヌーンティー・パーティでは、千円札をあらかじめ入れた透明な募金箱を参加者に回したという心理作戦派まで、熱意とアイデアにあふれた活動ぶりに接して、胸が熱くなった。

ガーデンオーナーたちの、やると決めたときの実行力と、周囲の人々を巻き込むエネルギーには舌を巻く。土と格闘し、そこから花を咲かせ、緑なす庭づくりの喜びを知る、ガーデナーという人種に、あらためて魅了された日々だった。

『ビズ』誌上には、こうした活動状況が、毎号途切れることなくアップされていく。茨城、千葉、福岡、埼玉、東京、岡山、兵庫、岐阜、長野、愛知、北海道、神奈川、大分、香川……それぞれの県のいくつもの地域から届いた報告には、笑顔の支援者たちの写真も添えられていた。支援金を集める舞台になっているのは、いずれも成熟した美しいガーデンだった。日本にはこんなにも素敵な庭が、こんなにもたくさん生まれている……。ガーデンチャリティでの募金活動は、全国のガーデナーの参加で、成功に一歩ずつ近づいていった。

次のステップは、「3・11ガーデンチャリティ」本部が、被災地のどこで、どのような形で花と緑の支援を展開していくのか、呼びかけた私たちの創造性が問われることになる。これまでに、世界はもとより、日本各地で作られたガーデンを取材して掲載してきた編集部が、初めて主体となってガーデン制作のすべての責任を取り、プロデューサーとして行うガーデン制作プロジェクトである。身の引き締まる思いだった。

次に、震災発生から二〇一四年秋までの三年半で行った、主だった支援プロジェクトの内容をお伝えしたい。

その1　宮城県・石巻　二〇一二年盛夏号（79号）

3・11から四百日——宮城県石巻の庭再生プロジェクト「すべての人にありがとう」

この場所は、一九九七年に行われた第1回「ビズ・ガーデン大賞　大きな庭部門」でグランプリに輝いた庭で、大津波によって壊滅状態になったことを受け、再生への支援を決めたプロジェクトだった。実は、受賞後しばらくして庭主が「オープンガーデンみやぎ」2代目会長の瀬上京子さんとその夫、正仁さんへと代わっていた。無残な姿に変わった四百坪の庭を前に、失望落胆していた瀬上さん夫妻を力強く励ましたのが、鎌田秀夫さんだった。鎌田さんは仙台に拠点を置く造園会社「泉緑化」の代表で、「オープンガーデンみやぎ」のバックボーンのような存在。瀬上邸が「3・11

ガーデンチャリティ」最初の支援プロジェクトと決定するや否や、仙台から重機を運んで倒木の抜根作業に取り掛かり、次に始まるボランティアたちによるバックアップのための準備を整えていった。

このプロジェクトでは、ベテランガーデナーの集まりである「オープンガーデンみやぎ」のメンバーたちが中心となり、仙台からバスを仕立てて現地入りし、全力を注いで植栽作業にも取り組んだ。

被災地での作業は過酷で、一日の予定が終わりかける頃には、皆ヘトヘトだった。それでも「いつもは一人でする庭仕事だけれど、みんなでやると楽しいね」と励まし合う。恐縮する瀬上さんには、そんなメンバーの声もありがたく、感謝の気持ちで胸がいっぱいになったという。ガレキ撤去に始まり、水やり、草抜きなど、庭が再生するまでには、石巻の地元の人たちもたくさん力を貸してくれた。

そうして十月の植栽から七か月後、二〇一二年の五月十三日に庭再生完成イベントが開かれ、プロジェクトに関わったたくさんの人々が集まった。国道に面して総崩れになった生け垣があったところには、ポピーやヤグルマギクが目にも鮮やかな花色を見せるミックスフラワーメドウが出現し、あたり一面灰色の街を、命の灯火のように明るく照らした。

庭の中心部には、ブルーのワスレナグサの群落から、ピンクの可愛いチューリップがたくさん茎を伸ばし咲いていた。集まった人からは「一生に一度、見られるかどうかの夢のような景色ですね」という声も聞かれた。瀬上京子さんはこの植栽デザインについて、「長年『ビズ』を読み続け、憧れていた花景色だったのです」と感慨深げ。心安らぐうららかな風景の中でのイベントが終わる頃、咲ききってなお持ちこたえていた、たくさんのチューリップの花びらが、微風を受けてはらりはらりと散っていった。

庭再生プロジェクトを体験した瀬上さん夫妻は、自分たちだけでは絶対にできなかったという思いに続けて、「花が好きでよかった、こんなに素敵な仲間と巡り会えたのだから」と語った。そして、多分日本で初めてかもしれない、全国から支援を送ってくれた花仲間の力にも、「すべての人に、ありがとう」と誌面を通じて感謝の言葉を述べたのである。

庭再生とはいっても、この石巻一帯の海岸線には高い防潮堤建設案が持ち上がっていたり、塩害で立ち枯れていく白樺をはじめとする木々の伐採計画があったり、将来の街の姿、個々の家の状況は全く見えていない。それでも、荒れ果てた無残な印象を残したまま全てを取り壊すのではなく、その前にほんのひとときでも、以前の花咲く平和だった頃の様子を記憶に留めたい、美しい花咲く庭を見ておきたい、と願う被災者の思いは、これ以後、どのプロジェクトでも聞くことになる。そうしたガーデンづくりが「3・11ガーデンチャリティ」への主だったリクエストであった。

その2　岩手県・陸前高田　二〇一二年秋号（80号）

ガレキの大地二千五百坪に花の命が甦る「奇跡の丘」四百五十日の記録

二〇一一年の七月、初めて陸前高田の米崎町を訪れた。案内してくれた吉川三枝子さんによると、ここに自宅があった吉田正子さんは、春にはオープンガーデンをする予定だったという。三百坪あった家や庭は跡形もなくなり、ガレキだけが残った。

海沿いの吉田邸の跡地を遠くに見下ろす、米崎町の斜面地の上に立って、あたり一面を眺めた。はるか下方に見える海から津波がせり上がってきたという、荒れた二千五百坪の大地が足元に広がっていた。吉田さんとご近所のリンゴ園などを合わせた、十軒分の土地であった。

このプロジェクトでは、長野県で「セイセイナーセリー」を営むガーデンデザイナー、二宮孝嗣さんを総合ディレクターとして依頼した。地元では子供たちを率いる「わんぱく冒険隊」のリーダーも務める、なかなかのサバイバル派だった。

八月にチャリティのメンバー、内倉、辻本、八木の三人で再訪し、吉田さんに会った。「3・11ガーデンチャリティ」としては、花咲く野原、メドウを作りたいという言葉が、思わず口をついて出たものの、現実を考えるとどうしたらよいものか、みんな悩んだ。

「あの広大な土地は、ガレキの山がものすごく、撤去費用や土壌改良、花の種などの経費、時間を考えると無理。多分、絶対無理」

当然ながら、誰の胸にもこんな想いが湧き上がっていた。

あの大災害の後の支援場面では、頭で考える常識はことごとく覆されたといってもいい。「メドウを作りたい……けれど……」という私たちのつぶやきを耳にした瞬間に、吉田さんは市のボランティアセンターに出向いた。そして、花咲く野原を作るために、二千五百坪全体のガレキ撤去に取り組み始めたのだった。

その結果、九月と十月だけで五百人からのボランティアが入って作業にあたり、二宮孝嗣さんが初めて現地入りした二〇一一年十月四日には、見渡す限りの広大な斜面地から、ガレキはあらかた片付けられていたのだった。

花の種はタキイ種苗とミヨシから十二分な量が無償で提供された。芝の種は雪印種苗から提供を受けた。三十トンもの堆肥も提供された。重機の借用、土木作業の要員も西山緑地が協力してくださった。二宮さんは長野を拠点としていたが、陸前高田までの長距離を四十往復もしてボランティアの指導とメドウ制作に没頭してくれた。そして現地コーディネーターの吉川三枝子さんは、制作側との細やかな連絡役をこなした。

心身ともに疲労困憊していたであろう吉田正子さんも、たくさんの人の出入りに完璧にアテンドして、メドウ制作の夢を語り、大震災・津波の恐ろしさを被災者として伝え続けた。このプロジェクトにはとても書ききれない数の人々が関わっている。最終的には、ボランティアの人数は二千人を記録したのである。大きな夢に向かって進むこのプロジェクトには、ボランティアの参加希望者も多かったと聞く。

しかし、作業にあたる人たちの中には、「……でも、こんな土地に花は咲かないよなあ……」とのつぶやきもあったことは事実である。こうして前代未聞のプロジェクトは、たくさんの人々の祈りとともに、二〇一二年六月の花の季節に向け進んでいった。

翌年の六月三日、関係者が現地に集まり壮大なメドウの完成を見た。きれいな曲線で九つの区画に分けられた大地。小径には芝生の緑が目にも鮮やかだ。カスミソウ、サボナリア、ワスレナグサ、ハナビシソウ、ヤグルマギクなどなどが一斉に風にそよぐ。なんと穏やかな風景だろうか。このそよぎをデザインするために、二宮さんは切り花用の丈高く咲く品種のタネを手配していたと聞いた。また、冬越しが難しい品種については、埼玉、千葉、愛知などに点在するナーセリーに苗づくりを依頼し、後から定植した。種まきには、地元米沢小学校の児童たちにも参加してもらった。以前この学校の教師をしていた吉田正子さんのアイデアだった。

美しく咲いた花を見て、微笑まない人なんていない。だが、種まきを終えた日から今日まで、ずっと祈り続けていた私は感激で泣いてしまった。それを見て、二宮さんも男泣きした。内倉真裕美、辻本智子の両人は、大喜びの笑顔を見せた。震災から四百五十日がたっていた。この日、二千五百坪の斜面地を、みんなで「奇跡の丘」と名付けた。

この花咲く野原は、大地に花の命を吹き込んでお返しするという当初からの予定通り、秋には吉田さんほか、十人の地権者に返還された。花が咲くと鹿がやってきたり、野鳥が巣を作ったりと、ささやかな命の営みも見られたが、あたりはまだまだ復興には程遠い景色だった。地域の人々にとってこのメドウは、目を疑うような癒やしのシーンに映ったのではないだろうか。現実の中に咲く花々を見て、ひとときでも気持ちを新たにしていただければと願った。

こうして、ガーデンチャリティで最も大掛かりとなったプロジェクトは終了し、その全プロセスを、誌上で報告することができた。

吉田正子さんの言葉がある。

「あの津波が夢かと思ったら、今度はまた目の前に夢のような景色が。私の一生にこんなビッグな出来事があるなんて」

吉田さんには、感謝の言葉しかない。

このプロジェクトの全ては、二〇一二年の秋、『ビズ』80号の巻頭特集として掲載された。誌面に掲載された「奇跡の丘」の写真は、日本で一番早くから〝ガーデンフォトグラファー〟の肩書きで庭を撮り続けてきた、植原直樹さんの撮影である（口絵参照）。

種まきから、およそ八か月で作ったガーデンが、かくも穏やかに美しく捉えられるものなのか。完成写真はもとより、制作途中のドキュメント写真も丹念に記録してくださったことに、深く感謝している。

多くのボランティアによりガレキが撤去され、堆肥が撒かれた。撮影：植原直樹

八か月後、広大な花咲く野原に夕暮れが。暮色が心にしみる。撮影：植原直樹

たねダンゴの誕生

特集の末尾には、二宮孝嗣さんがミックスフラワーメドウづくりで使用した品種リストを公開し、開花結果など詳細なデータを付記した。花の種数種類をミックスし、肥料や土と混ぜて荒地に直まきするという、二宮さんのメドウづくりの方法は、その後、思わぬ発展を遂げることになった。

日本家庭園芸普及協会は、この手法にヒントを得て改良を重ね、ついに「たねダンゴ」を完成した。現在のガーデンイベントには欠かせない「たねダンゴ」である。泥ダンゴを作るところから始まるたねダンゴ手法は、子供も大人も楽しく参加でき、結果は確実に花咲くメドウが出来上がるので、実に人気が高い。その後、多くの地に花咲くメドウが誕生している。

その3　宮城県・雄勝　二〇一四年早春号（88号）

「雄勝ローズ・ファクトリー・ガーデン」プロジェクト
四百人が雄勝の未来を信じた日

硯石で有名な石巻市雄勝は、谷あいの緩やかな斜面地に広がる街だったが、東日本大震災で壊滅した。ここの小学校で教鞭をとっていた徳水博志・利枝夫妻は、利枝さんのご両親がやはり先生だったこともあり、地元でたくさんの人たちと親しくしていた。震災後、住人の多くが別の地へと生活の場を移していったが、夫妻はここに残った。

二人は、雄勝の震災からの復興と過疎からの再生という、二重の課題を克服し、日本の地域再生のモデルを創り出すまで頑張ろうと決意した。そのためには、震災当日まで利枝さんのお母さんが

完成記念日。活動は現在（2020年）も力強く続いている。撮影：桜野良充

元気に生活していた五百五十坪の土地に、まずはきれいなバラ園を作り、果樹も育ててジャム工場を作る。ゆくゆくは地場産業を育てて、若い人たちにも戻ってきてもらおうという計画を立てた。

鎌田秀夫さんを通じて「3・11ガーデンチャリティ」に支援の要請が来たとき、最初はこの計画が荒唐無稽に思われた。しかし、ご夫妻に会い、話し合いを重ねるうちに、多くの人々を巻き込んでいく渦の中心には、シンボルとなるきちんとしたローズガーデンを作りたいという案に納得がいくようになったのである。

あたり一面何もない状態なので、早い段階でまずトイレを作った。そして鎌田さんのデザインに沿って、東京駅の駅舎をごく小さくしたようなガーデンルームを作り、作業用の建物も作った。雄勝特産のスレートを使った伝統技術で建物の屋根を葺く。庭中央に、バラやハーブの円形花壇。周囲には木造の白いフェンスをぐるりと回す。こうして小さいながら、だんだん建物付きの立派なガーデンができてきた。

見渡す限り雑草だらけの平らな土地に、突如立ち上がった優しい人工物。「雄勝ローズ・ファクトリー・ガーデン」は、まさにそんな感じだった。普通の街中にこのガーデンがあったとしても、さほど目を引くとは思えなかったが、この場所で見るロマンチックな佇まいのガーデンは、強烈な存在感を放っていた。

そして、シンボルとして作られたこのガーデンは、目覚ましい力を発揮する。徳水夫妻の人脈、鎌田秀夫さんのガーデナーネットワークなどを通して、徐々に幅広い支援が集まり、マスコミも取材に入り、雄勝のローズ・ファクトリー・ガーデンはかなり知られる存在になっていった。ちなみに、プロジェクト名にファクトリーという言葉を入れたのは、このガーデンを、ゆくゆくは生産拠点にするという意思をにじませたものだった。

二〇一三年十月十三日の完成披露には、たくさんの関係者が集まり、昼食としてカツサンド三百九十九食が配られた。このときの様子は、二〇一四年の早春号で詳しく報告されている。「3・11ガーデンチャリティ」として、またビズ編集部として、この特集の誌面構成で最も気を配ったことは、雄勝再興という目標に向かうためには、このイベントがスタートラインであるという認識だった。記事の扉には、たくさんの支持者が集まる写真を大きく使い、最終ページには、カッサンドを提供してくれた店の名前を含め、協力してくれた四十団体・会社の名前をリストにして掲載した。これだけの人たちのバックアップを受けるということは、強いパワーを持ち、信頼に足るプロジェクトだということになる。将来の活動のための、名刺代わりになる記事作りを心がけた。以後、徳水夫妻のプロジェクトはさまざまな助成金をスムーズに受け、順調に力をつけていく。

しばらくして、ガーデンは道路の拡幅と盛り土の工事のため、七十メートルほど場所を移動して再建された。二〇一九年の初夏も、バラをはじめきれいな花が咲き誇ったとの報告があった。活動を続ける七年間で、延べ八千人ものボランティアが徳水夫妻の大志実現のために参集したことになる。ガーデンのプロ、アマの垣根を超えて作り続けられている「雄勝ローズ・ファクトリー・ガーデン」は、東北のコミュニティガーデンとして、たくさんの人たちの愛情に支えられている。現在のガーデンの広さは六百六十坪である。

その4　岩手県・陸前高田・森の前　二〇一四年秋号（92号）

故郷に、そして心に花を
四百坪の切り花ガーデン・プロジェクト

森の前地区のチャリティ・プロジェクトでは、ガーデンづくりを通じて地元の人々の心に触れる貴重な機会を何度もいただいた。長い年月、花と共に暮らしを育んできた森の前地区の皆さんの大切な記憶が、花を求める気持ちが素朴な言葉で伝えられて、深く、強く胸を打った。それを受けて、「3・11ガーデンチャリティ」では、開花後、地元の方々にたくさんの花をお届けできるようにと、四百坪の切り花ガーデンを作る企画を立て、了解を得た。

陸前高田・森の前地区のチャリティに入ったきっかけは、「ガレキ撤去後の粉塵舞う故郷に花を！」との強い思いを抱く紺野勝代さんや佐藤新三郎さんたち地元グループとの出会いだった。ガレキが片付いて、何もかも、思い出までがなくなったときが本当の落ち込みだった、とも語ってくれた。プロジェクトのリーダーは紺野勝代さん、素晴らしいディレクションぶりだった。そして、夫の紺野初五郎さん。二人は地元で四十八年間、「佐々木農機」を営んでいた。

市役所勤めの佐藤新三郎さんは、あの日、お母さんと奥さん、そして娘さんを亡くした。それでも市の職員として、避難所のお世話など、たくさんの仕事が押し寄せていた。

みんなで花を摘み、町のいくつもの施設に花束を届ける。
“切り花ガーデン”は良い企画だった。撮影：植原直樹

岩渕和子さんと菅野前子さんは、パーマ屋さんを営んでいた。彼女たち二人は、紺野勝代さんのツインターボエンジンという異名をとる名コンビで、今回のプロジェクトの推進役を担った。そして、頼りになる板金業の菊池美喜子さんは、料理番として腕をふるった。チャリティ活動ではみんなでご飯を食べる機会が多く、ありがたい存在だった。

あと一人、井戸もないときから川の水をポンプアップして猫車で現場に運び、黙々と水やりを続けた菊池一男さん。この七人衆が、陸前

高田・森の前地区切り花ガーデンプロジェクトのメンバーである。

二〇一三年の秋、十月に種まきをして、翌二〇一四年六月八日に花摘みイベントを開き、近隣の皆さんに集まっていただいた。「お好きな花をいくらでも切ってお持ち帰りください」、ボランティアスタッフは、一生懸命声掛けした。四百坪いっぱいに見渡す限り花が咲いている。

ヤグルマギク、ハナビシソウ、ビスカリア、アグロステンマ、シレネのサクラコマチ、カスミソウなどなどが、大きな曲線を描いて咲いている。円形にまとまって咲くグループもある。花色で大地に明るい模様が描かれている。なんだかとてもリッチな気分になれるイベントだった。開花を知らせる写真付きのチラシも配った。「こんなにたくさん咲いています！　毎日でも花を摘みに来てください！」「故郷に、そして心に花を」こんな文字が躍っていた。

ガーデンデザイナーの二宮孝嗣さんは、この森の前地区でも頑張って、みんなを喜ばせてくれた。一度摘んでも、二番花が咲いてくる品種を選んでくれていたので、この切り花ガーデンは、秋になるまで続いた。紺野さんからのお便りには、「地元の介護施設やデイサービス、仮設住宅にもせっせと花束をお届けしています。それから、月命日にはお寺の本堂にも飾ってもらいました。自分たちで咲かせた花をお供えできるなんて、誇らしかったです」と綴られてあった。

この記事を掲載した『ビズ』の十ページ特集は、どこを開いても笑顔が溢れている。後日、七人のメンバーそれぞれに、掲載誌と大きめに引き伸ばした何枚ものプリント写真、それにアルバムを添えてお届けした。これはプロジェクト進行中から、「3・11ガーデンチャリティ」の三人で決めていた贈り物だった。

故郷を彩った花景色が素敵な思い出としていつまでも手元に残るように、そしてアルバムを開く楽しみを再び……と。このプロジェクトを通じて、花を愛する人たちからいただいた感謝の言葉が、胸の奥にずっしりと重い、温かなものを残してくれた。ガーデンチャリティを通して知った人生の宝物だった。

◆

後日いただいたお便りの中から一通、岩渕和子さんのお手紙を紹介したい。

拝啓

陸前高田も日一日と涼しくなってまいりました。

森の前の花畑もコスモスが一段と綺麗になっています。

このたびはとてもきれいな本、そして写真までもそえて送っていただき本当に有りがとうございました。
花畑の仲間達そして家族皆んなで楽しく毎日眺めています。
特に私の大きな口を開けて笑っている写真を見ながら
私だけではなく、周囲の人達までもが笑いながら眺めています。
本当に貴重な写真を届けていただいてなんと御礼を言っていいのかわかりません。
あの日は雨にもかかわらず、このようなすてきな本、写真までもが届いて、
花畑の仲間達皆さんで感謝しております。
ビズの本そして写真は私の一生の宝物になりました。
これも紺野さんという素敵な先輩に出会えた事のたまものと思っております。
そしてビズの八木さまにも感謝、感謝です。
間もなく森の前の花畑もかさ上げできえてしまいます。
しかしビズの本そして写真が残っているという事で私はさびしくありません。
陸前高田の町は変わっても、ビズの本と写真が私の手の中にあるというのは
私にとってハッピーな事です。
もう少しで花畑も終わってしまいますが、

それまでは一生懸命務めて参りたいと思っております。
八木様もますますのご発展を心よりお祈り申し上げます。
乱筆乱文で申し訳ありません。まずは御礼のお手紙とさせていただきます。

敬具
岩渕和子

消印は平成二十六年十月六日。
九月十六日に発売された秋号（92号）送付への礼状だった。

私は、この手紙を何度読み返したことだろう。便箋二枚の中に何度もくり返されている〝ビズの本と写真〟、〝きれいな本そして写真〟という言葉。被災地では家を流された方、思い出の写真全てを失った方々に、たくさんお会いした。ガーデンを作った森の前の笑顔あふれる皆さんの写真と、故郷を彩るきれいな切り花ガーデンの写真がなぐさめになったことは、心の底からうれしかった。
花と緑の支援地のほとんどは、やがてかさ上げされたり、取り壊されて辺りの風景が一変してしまう場所だった。支援希望地では、変わってしまうそのほんの少し前に、花咲くきれいな故郷の思い出を記憶にとどめたいと、皆さん異口同音に話されていた。岩渕さんのお便りに〝務めて参りたい〟とあるのは、かさ上げの日まで、この切り花ガーデンに水やりを続けます、という意味なのだ。

気持ちがまっすぐ伝わってくる、うれしいお便り。花摘みイベントの日はかなりの雨降りだったけれど、写真家の植原直樹さんの粘りと優しさで、翌朝も撮影を続行して、花畑の中での皆さんの笑顔を撮る事ができた。「3・11ガーデンチャリティ」の活動は、支援したつもりの自分たちが、これほど温かい気持ちに触れさせていただいて、生涯の大切な思い出になった。

■大地に種をまき、広い荒野に見渡す限りいっぱいに咲かせた花。全国のガーデナーや庭愛好家の人々が送ってくれた支援金やガーデン資材のおかげで、被災地にいくつものガーデンが生まれた。ガレキの地に、灰色の街に、花色が命のともし火となって広がっていく。
花が咲くというシンプルな自然の営みに、これほど深い安らぎを覚えたことはなかった。

こうした経験は、ガーデンの力、花の力に対するビズ編集部の認識を、さらに強く前に押し出すことになったように思う。多くの人たちと被災地にガーデンを作った体験で得たものは、疑いようもなく、ガーデンセラピーそのものだった。この心癒やされた体験から、『ビズ』には新しいシリーズ「ガーデンセラピー」が誕生することになる。

殺風景な大地を一変させた花風景は花の癒やしを実感させた。撮影：植原直樹

花の力、緑の力に再生を求める「ガーデンセラピー」

ガーデンは私たちの五感を刺激する。その内包する、香り、色彩、音、そして味覚や触覚で。ガーデニングをするとき、私たちは外気の中で日差しを浴びながら体を使い、時には他者と共に作業する。ガーデンが私たちの身体に及ぼすセラピー効果について、時代は科学的に証明できる段階へと入ってきているようだ。震災復興支援を始めてから三年ほど経った二〇一四年の盛夏号から、『ビズ』はガーデン誌の領域では新しいテーマとなる「ガーデンセラピー」の大型連載特集に取り組み始める。

多くの人が日常生活で感じるストレスから、高齢化社会になって抱える認知症をはじめとする多くの問題、事故による脳への損傷やPTSDなどまで、幅広い領域でガーデンセラピーは効用があるとされる。取材を進めていく中で、だんだん分かってきた海外の医療分野での実践情報には、驚くような事例がたくさんあった。ガーデニングの心身への効用がそれほど大きく、また科学的に証明されているのか、という驚きであった。

ガーデンセラピーと園芸療法

ここで、ガーデンセラピーについて、基本的なことを記しておきたい。

まず、このガーデンセラピーのもととなった英単語はHorticultural Therapy（薬物や手術によらない園芸作業による代替医療）である。実はこの単語、三十年近く前に松尾英輔さんが「園芸治療」と訳し、澤田みどりさんは「園芸療法」とした。同時期、グロッセ世津子さんが「園芸セラピー」の表現を使ったが、のちに全て「園芸療法」に統一して、日本中に普及した。以後、多くの研究者たちによって研究され、実践されてきている領域だった。

しかし今日、海外のHorticultural Therapyをリサーチすると、ガーデンにおいて太陽のもとで身体を使って行う、ガーデニング作業がもたらす効用の報告例が多い。一方、日本で園芸療法として、さまざまな施設や老人ホームなどで行われているのは、室内で行う作業、つまり、テーブルで植木鉢に植物を植え込んだり、花束や花アレンジなどを作ったりすることが主流となっているように思えた。

現実として、ガーデンのない施設が多いことは想像に難くはないけれど、日本での園芸療法と本来的なHorticultural Therapyの間には、少々ギャップを覚えずにはいられなかった。近頃では、小さなスペースでも上手にガーデンを作れる人も増えてきた。庭は以前ほど特殊なものではないし、本来的な、庭をベースとしたセラピーも可能な時代になってきたのではないだろうか。そうした考えから、『ビズ』では「ガーデンセラピー」と訳して向き合ってきたのである。

ビズの初めての「ガーデンセラピー」特集は二〇一四年盛夏号で、第1回目には、アロマセラピー学会を牽引する塩田清二さんによる香りのエビデンス、〝レモングラスの香りを嗅ぐと前頭葉への血流が盛んになり、認知症に効果がある〟とする研究発表を取り上げている。このエビデンスを得る方法として、血流を可視化する機器が開発されたことは大きい。技術の発展が、ガーデンの効用を解く科学的視点を、素人にも分かりやすいレベルにしてくれたともいえる。また、第10回目では、オランダのアグネス・E・バン・デン・ベルグ教授が行った実験と論文（二〇一〇年発表）が掲載されている。唾液中のコルチゾール値（ストレスホルモンともいわれる）がガーデニングによって下がることを証明したものである。この研究は、ガーデニングの効果について科学的根拠を示した世界で初めての論文として、以後、関係論文で112回（二〇一六年時点で）も引用されている。

（AGNES E. VAN DEN BERG & MARIËTTE H.G. CUSTERS,（2010）. Gardening Promotes Neuroendocrine and Affective Restoration from Stress. Journal of Health Psychology.）

こうして、脳やホルモンの機能が科学的に解明されてくるにつれて、学者たちの研究もいよいよ進んできている。

特集として誌面で紹介した事例の中には、ガーデンデザイナー・阿部容子さんの報告「ガーデンセラピーの聖地　米国シカゴ・ボタニックガーデン」（二〇一五年春号）がある。阿部さんが十年以上も前から、毎年訪れているというここは、「都会の庭」として一九七二年に誕生した公共公園で、そのコンセプトには感動する。

「美しい庭と自然は、人間の心と身体の幸せに必要不可欠な存在であり、庭づくりを愛し、楽しむことができたときにこそ、人はより健康に生きることができる」――ここでは年齢を問わず、また身体に困難を抱えている人も皆ガーデニングを楽しめるようにと、庭の細部にわたって工夫がなされている。

ガーデンセラピーという分野で、この公園は、今や世界のトップを走っているといえるだろう。記事中には『誰でも参加できる庭』10の仕掛け」が具体的に示されている。そして広大な公園の手入れには、運営を担うシカゴ園芸協会の職員のほか、二千二百人ものボランティアが携わっているそうで、彼らがガーデニングを楽しみながら、きれいに手入れした魅力的な公園は、ここ十年で入場者数は五十パーセント増加、年間百万人以上になったとの報告がある。夕方には園内にカリヨンの清らかな音色が響く、まさに聖地である。

緑の処方箋

ガーデンセラピー特集の取材で得られた興味深い話題としては、英国で実施されている「緑の処方箋」がある。編集部はロンドンでの下取材を二〇一六年に行い、翌二〇一七年九月(『ビズ』休刊後）に、実際に代替医療としてのガーデニングを行っているコミュニティガーデン、「シドナムガーデン」（ロンドン）を訪れてきた。

代替医療としての「緑の処方箋」というのは、一人のガーデニング好きのクリニック医が、体調不良でやって来る患者たちに、ガーデニングを勧めたところから始まった。その効果が高かったため、他の医者たちも薬を処方する代わりに、ガーデニングを処方するようになっているという。そこで生まれた言葉が、「緑の処方箋」である。

シドナムガーデンは「緑の処方箋」を持って患者たちが訪れる、コミュニティガーデンの一つである。驚くことに、英国では「緑の処方箋」が国の公的な機関である公共医療サービス（ＮＨＳ＝National Health Service）と連携するまでになっているという。

この場合の患者とは、いわゆる未病といわれる症例で、気持ちの塞ぎ、体調不良など、さまざまな不調を抱える人たちである。園芸療法士やガーデニングプランナーなどのスタッフがいるコミュニティガーデンで、野菜作りや花壇作りなどをグループで行っていくうちに、患者たちのそうした症状は徐々に軽減され、やがて快方に向かうケースが多いという。ガーデンセラピーは、英国では統合医療としての地位を得ているように見えた。

ちなみに、年間三百人を超える患者を受け入れているシドナムガーデンには、ＮＨＳから治療代が支払われていて、この収入がコミュニティガーデンの活動を支えていると聞いた。ロンドンの中心地ビッグ・ベンから、わずか十キロの地にあるこの庭は、住宅街に隣接しているので、地域住人たちの憩いの場にもなっている（『ビズ』のホームページ、「3・11ガーデンチャリティ活動報告」二〇一七年九月二十一日に写真など詳しく公開している http://www.bises.co.jp ）。

取材から三年ほどたった最近では、景気後退の波が英国の医療予算にも及び始め、施療現場であるコミュニティガーデンに回る予算にも陰りが見えているようだ。緑関係のネット記事には「ガーデニングは、医療費を抑える有効な手立て」とする論調は健在だが、それ以上の踏み込んだ記述は目にしなくなった。

マギーズセンター

ガーデンセラピーの取材を進めていく中で出会ったマギーズセンターの存在には本当に驚いた。畑仕事やガーデニングを実際に行うことで心身に良い影響が見られるというのは、多くのガーデナーからの体験的報告にもあり、十分想像できる。しかし、このマギーズのコンセプトでは、建築とガーデンが作り出す調和した空間美が、病で弱った人の心を励まし勇気を与えるとまでいっているのだ。

建築家とランドスケープアーキテクトの協働制作の空間が美しい調和を生み出したとき、それはこれまでに語られたことのない分野として、未来型の社会貢献となる。

マギーズセンターは、乳がんになって余命宣告を受けた英国人のランドスケープアーキテクト、マギー・ジェンクスが約二十年前に発案した施設だった。がんになった人、その家族、友人たちのための施設である。マギーズセンターのコンセプトには、病院と自宅以外に専門的な知識を持つ人が常駐して相談にのってくれるところ、話を聞いてくれるところ、あるいは一人になれる場所が必要だ、とある。

さらにそこでは、建築とガーデンが美しい調和を生み出していることが重要で、その美しい調和の中にシリアスな心の状態にある人にも安らぎを与える力があり、自分を取り戻す勇気を与えてくれるとしている。気持ちに変化をもたらす、住環境の調和の美に対する欧米人のスタンダードの高さには敬意すら感じる。ここマギーズセンターは、医療や福祉関係者、介護職の人々など、幅広い分野の専門家と、建築家、ガーデンデザイナーたちが協働するという新しい発想に立つチャリティ組織なのだ。エジンバラから始まって、今や全英に二十数箇所あり、二年前にできたマギーズ東京はじめ、海外にも次々と拠点が生まれている注目の施設である。

美が癒やしになる、しかも建築と調和するガーデンが、ここでは重要なポイントとして存在している。こうした領域を超えたコラボレーションが、これからの未来に必要とされるメンタルケアの鍵と位置づけられているところに強く興味を惹かれる。福祉分野でありながら、癒やしの美的レベルをここまで高く求めるマギーズのコンセプトは、限りなく多くの人たちの賛同を得て、社会に広がっているようだ。歓迎しながらも、驚くべき時代になったものだと思う。


二〇一四年に『ビズ』で紹介したのち、三年後に自分自身でマギーズ・ウエストロンドン（ガーデンデザインはダン・ピアソン）と、マギーズ・オックスフォードの二か所を実際に訪れて、その空間の素晴らしさを体感することができた。窓外には大きく育った樹木の緑が都会の喧騒を遮り、周囲が都会のビル街で、人通りも多い場所であることをすっかり忘れさせる設計になっていた。

二〇一七年、東京都・江東区豊洲のウォーターフロントにできたマギーズ東京の建物も、ローコストながら実によく吟味された快適な空間で、そのコンセプトとともに話題になり、見学者が後を絶たない（※）。設計監修は、阿部勤さんである。阿部さんは『ビズ』では緑派の建築家として人気が高く、たびたび誌面で、自然環境と住宅の融合を語っていただいた。昨年、マギーズ東京の希望で、隣接する土地にコミュニティガーデンづくりのノウハウを生かして、地元江東区民のボランティアと共に切り花ガーデンを作った。背景に林立する高層ビルを眺める場所に、彩り豊かな花咲くメドウが出現し、都会の風景を一変させた。このプロジェクトを進めた中心的な人たちは、ＪＡＧ（日本ガーデンデザイナーズ協会）の吉田祐治、大滝暢子、それからコミュニティガーデンづくりのプロ集団、グリーンワークスの牧野ふみよ、三浦香澄、東方陽子、梁瀬泰子などなど（敬称略）。ガーデン界のリーダーとして活躍する彼らが、このプロジェクト参加をきっかけにして、マギーズのコンセプトに触れたことは大変大きな意味があると思っている。日常生活で私たちを取り巻く住環境を考えるとき、デザインのクオリティ、トータル的なハーモニーが心の安寧をもたらすこと、それが医療的にも作用するものであるという認識に立つ人が増えることは、未来への希望である。

（※）マギーズ東京のセンター長、秋山正子さんは訪問看護師として幅広い社会活動を繰り広げ、二〇一九年に看護師に贈られる世界最高賞のフローレンス・ナイチンゲール記章を受賞。英国のマギーズセンターに感銘を受け、東京の巨大団地の一角に「暮らしの保健室」を作ったことから、現在につながる。

終章　『ビズ』草創期からの仲間たち

四人の頼れるガーデンデザイナー

およそ三十年ほど前に、想いを同じくするパイオニアたちがいた。
今や遅しとスタートを待つ、力を溜めたガーデンデザイナーたち。
それぞれが守るテリトリーと表現方法は異なっていたが、
やや無謀とも思われるスタートを切ったガーデニング誌の創刊に共感してくれた。
そのとき、時代の機は熟していたのだろうか？
これからご紹介する人たちと共に、
『ビズ』は目指すガーデニングの新領域を、確かなものにすることができた。

日本で初めてイングリッシュガーデンを創った
ケイ山田さん

「蓼科高原バラクラ イングリッシュ ガーデン」を家族と共に創った光和創芸のケイ山田さんは、〝イングリッシュガーデン〟という言葉を仕事の冠に据えた、日本で最初の人ではないだろうか。『ビズ』創刊時に世の中を見渡したとき、〝イングリッシュガーデン〟という言葉を使っていたところは、ここだけしか見つけられなかった。当時は、植物さえも英国からの輸入に頼らざるを得ない時代で、ケイ山田さんが初めて日本の地に咲かせた花も少なくない。パイオニアとしての庭づくりのご苦労ぶりには、頭が下がる。

ケイ山田さんはフラワーガーデンのデザイナーとして、全国いくつものガーデンを手がけてこられたが、現在も継続している事例の中から、新潟県見附市の「みつけイングリッシュガーデン」(面積六千六百坪)の成功例をご紹介したい。これからのコミュニティガーデンの一つのあり方として記録に値する。

人口わずか四万人の小さな市が、この庭ひとつで大きな変革を起こしたと、市長の久住時男さんが話してくれた。何よりのポイントは、ガーデン制作開始の二年も前からガーデニング教室を開いて、市民に植栽や手入れの基本と庭仕事の楽しさを身に付けてもらったことだろう。教室開設からもう十四年、ガーデンオープンから十二年になるが、ケイ山田さんはこの市民ガーデナー育成から、ガーデン制作、具体的な維持管理の指導まで一貫して行ってきた。「みつけイングリッシュガーデン」では、庭の手入れは全て市民ガーデナーのボランティアが行っている。自分たちの手で育てていった美しい庭は、見附市民の自慢なのだ。「このガーデンほどガーデナーの質と人数が揃っているところは少ないと思う」とケイ山田さんは嬉しそう。

見附市ではガーデンを核にして、隣接する産業団地への企業誘致やホテル誘致にも成功し、税収が安定したと市長の顔がほころんだ。さらには、高齢者たちがこの庭を目指してよく散歩に来ることで、運動クラブがいくつもでき、高齢者の医療費が驚くほど下がったともいう。来園者数が百万人を突破したのは、オープンから八年目だった。

日本初のガーデニング手引書を創った加地一雅さん

兵庫県で「エクステリア風雅舎」というガーデンショップ兼アトリエを営んでいた加地一雅さんは、『ビズ』創刊二年目から「花の庭を作ってみよう」のタイトルで連載を開始した。

実際の住宅の庭を舞台に展開する、リアリティのある庭づくりハウツーは、情報の少なかった時代のガーデニングバイブルとして歓迎された。〝花咲き乱れる野のように〟、〝小さな庭にオススメの株立ちの樹木〟、〝葉ものが大事〟などなど、庭空間への感情移入たっぷりに語られる庭づくりは、読み物としても面白かったのだ。

英国風の草花の植え方を「しだれる、からまる、こぼれ咲く」と表現したり、それまで日本に馴染みの薄かった草花を主役にした庭の魅力を伝えようと情熱を傾けた。そこに添えられた飯田貴子さんのユーモラスなイラストも、新時代のハウツー記事というイメージを作り上げていった。

そして一九九六年、およそ三年分の連載をまとめて、同じタイトルのムック『花の庭を作ってみよう』（加地一雅・郁代夫妻の共著／婦人生活社発行）が出版され、『ビズ』のガーデン世界を自分の庭に実現させるための教科書として、息の長いロングセラーになる。

残念ながら、加地さんは二〇一七年十二月、六十四歳で亡くなられた。「エクステリア風雅舎」は、設立から三十一年になっていた。

加地さんは長年にわたり、地元の老舗オープンガーデングループ「三田グリーンネット」の精神的な支柱にもなっていたようで、彼の自然観は、加地流ガーデニング・フィロソフィーとしてグループのメンバーたちの心に染み込んでいるようだった。

二〇一八年九月に行われた第16回オープンガーデンが繋ぐ「兵庫花と緑のまちづくりフォーラム」でも、「三田グリーンネット」の皆さんと加地さんとの繋がりが語られていた。参加者は百三名、「兵庫県政１５０周年記念事業」の助成金を受け、兵庫県園芸・公園協会の後援のもとで行われた見事なフォーラムだった。この会は、日本のオープンガーデングループ活動の成熟した完成形を示していた。

的確に緑を語り、デザインする先駆者

正木 覚さん

　日本のガーデンデザイナーを束ねる組織、ＪＡＧ（ジャパン・ガーデンデザイナーズ協会）（※）の名誉会長をしている正木覚さんと私の出会いは感動的だった。それは創刊号を出して間もない頃、次の企画に悩んでいるときで、「多分、編集長はネタに困っているのではないかと思って写真を持ってきました」と、彼は突然編集部に現れた。見せてもらった写真は正木さんがデザインした数種類のモデルガーデンでどれも実用的な提案だった。さっそく一九九二年秋号（３号）で「生活の庭――小さな庭をデザインする」として特集になった。ほとんど実例が見えていない当時の日本で、ガーデン雑誌を編集することの無謀さを正木さんはよく理解していた。〝木陰を作る庭〟、〝小さな雑木林〟など、いずれも生活シーンを想定した無理のないデザインで、まさにプロの仕事であった。

　そのとき、小さな庭とはどのくらいの広さを指すのかが話題に上った。私が「十坪くらいかしら？」と言うと、「甘いです、せいぜい六坪が現実だ」と訂正された。しかし、写真で見る正木さんデザインの六坪の雑木林は、気持ちの良い木漏れ日を捉え、この広さでも十分と思えた。以後、

正木さんには度々のご登場を願って、『ビズ』のアドバイスページも充実していくこととなる。

正木さんのガーデンづくりの基本にあるのは、環境デザインに基づいた微気候の庭だ。植物の配置次第で、景観としての美しさだけでなく、住宅周辺にわずかな気候の変化をもたらし、屋内に流れ込む空気に「心地よさ」が生まれるとしている。防風、目隠し、日差しよけなどを意図した日本の伝統的な民家の庭づくりに通じている。庭の機能性に着目した「微気候の庭デザイン」は、今では正木さんの代名詞のように定着している。

（※）ＪＡＧ（ジャパン・ガーデンデザイナーズ協会）は、今年で設立から十八年になる全国組織で、会員数は百十四人。メンバーのほとんどが日本各地でガーデンを作っている集団である。中には次世代を育てるガーデンデザインの先生もいるし、雑誌やテレビで活躍する人たちもいる。

トレンドを創るガーデン界のスター

吉谷桂子さん

英国に七年間暮らし、帰国したとき、日本はガーデニングブームの最盛期にあった。吉谷桂子さんは、本場で見聞きして身につけてきたガーデニング知識と英語力を生かし、やがてテレビや雑誌、ガーデンショーで大活躍を始める。渡英前は舞台美術やCF制作の仕事をしていた。美術畑を歩んできた強みが、もともと色彩感覚と空間デザインに抜きん出たセンスを持っていた吉谷さんのガーデン関連の仕事の幅を広げている。

吉谷桂子さんは、英国滞在中から『ビズ』誌上で面白い視点のイギリス・レポートを書いていた。編集部では、彼女の原稿が送られてくるのを、とても楽しみにしていた。「植木鉢にも色を塗る！」（一九九五年冬号）の回では、庭に馴染む、風雪にさらされた感じを出すためには、泥でできた古び粉（舞台美術でも使う）なるものを仕上げに使おう、とアドバイスする。

また「ガーデン・ゲートが面白い！」では、遠く離れた田園にあるフォーマルガーデンの入り口からロンドンの街中にあるフロント・ガーデンまで、精力的なフットワークを生かして撮影に出かけ、英国のゲート作りの職人技をレポートしてくれた。

二〇一〇年にまとめたムック『1坪でもOK！　吉谷桂子の小さな庭のためのガーデニング術』（ベネッセコーポレーション発行）では、新築した自宅のベランダを舞台に、究極の〝小さな庭〟をデザインして見せてくれた。その自宅には、東西南北それぞれに条件の異なるベランダを設け、さらに屋上と玄関前にも庭を作り、庭デザインの実験場とする徹底ぶりであった。

吉谷さんの話術には人を引き込む力がある。今話題の映画『ファイブシーズンズ』やNYのハイラインの植栽で世界のガーデン界を席巻しているダッチ・ウエーブの旗手、ピート・アウドルフについては、かなり早い時期から注目して、講座や講演会などで熱く語ってきた。吉谷さんは的確に時代をつかみ、トレンドを作り出すエネルギーに満ちた人なのだ。

そして今、……コミュニティガーデンとガーデンツーリズムを体験して思う

コミュニティガーデンづくりの指導者集団、「グリーンワークス」（代表：牧野ふみよ）との出会いは、なかなか新鮮だった。メンバーは、いくつもの地域の人たちと一緒に街角にガーデンを作り、運営方法も指導している。みんなが無理をせず、素顔の自然体で庭を作り、「暮らしのそばにガーデンがあるっていいね」という言葉が出るまで、一つのプロジェクトを続けるという。ガーデンづくりの現場には、地元の人たちのまとめ役兼ガーデニング指導者は不可欠だ。「グリーンワークス」は、その役を担うプロ集団である。

ある日、メンバー六人が集まって、八木一人のために特別レクチャーをしてくれたことがある。

自分たちの仕事をパワーポイントにまとめて、三時間半に及ぶ「コミュニティガーデン活動とは」の集中講義だった。スクリーンに映し出された写真には、高齢者の施設に作られたきれいなフロントガーデン（リーダー：三浦香澄）や、高速道路際の変化に富んだ緑の壁、さらには日本で最初の、歴史ある知的障害者施設に作られたコミュニティガーデン（まとめ役：木村智子）などなど、どれも地域に根付いた活動だった。そして、これはとても大事なことなのだが、どのガーデンもなかなか美しかった。

私は彼らをもっとよく理解したいと、三浦香澄さんと木村智子さんが講師を務める〝コミュニティガーデナー養成講座〟（月1回、全七回コース）を受講させていただいた。受講料は、毎回一日がかりの充実した講習七回分で七千円と、とてもお安い。受講生は募集人数のマックスである三十五名、大人気なのだ。私はモンベル（アウトドア用品店）でブーツからエプロン、手袋など完璧なガーデニングウエアを揃えた。いざ始まった講座では、その徹底した基礎レッスン指導に舌を巻いた。いやはや、初心者への指導とは、ここまで手を取り足を取らなければならないものかと、思わず苦笑いするほど。三浦さんも木村さんも『ビズ』の読者だったとのことで、記事で読んだキャッチコピーを今もガーデニングの信条にしていると、そらんじて聞かせてくれた。二人とも植物に詳しく、幅広い知識を積み上げてきた見事な指導者だった。

公園の木陰でみんなで食べたお弁当タイムも、和みの記憶になった。ゆるい活動、参加の楽しさ、みんなの声を反映させる民主的な運営方法など、植物を媒介にして地域をまとめていく方法論は、完璧に確立しているようだった。それゆえに、近頃ではコミュニティガーデンづくりが、町づくりの大変有効な手段となっていることも理解できた。

二〇一九年、国土交通省が全国に向けて〝ガーデンツーリズム〟の認証制度をスタートさせた。ここでいうガーデンとは、伝統的な日本庭園、英国庭園からスタートしたフラワーガーデン、さらには近年、膨大な入園者数で話題を呼ぶ花いっぱいの公園など全てを含んでいるところが面白い。日本庭園をJapanese Gardenとは言っても、〝ガーデン〟とは言わないものだと思っていたが、国土交通省の言葉の使い方センスはいいなと思った。つまり、これからは和も洋も、美しいガーデンは等しく国の観光資源になるのだ。この制度づくりの起点には〝北海道ガーデン街道〟があり、その成功が発想源になったと聞く。北海道ガーデン街道とは、十勝千年の森、真鍋庭園、紫竹ガーデン、そして上野砂由紀さんの上野ファーム（二〇〇四年ビズ・ガーデン大賞グランプリを受賞しガーデン界にデビュー）、風のガーデンなどを結び構成するガーデンめぐりの観光ルートのことである。まさに『ビズ』が創刊時から見守り、取材し続けた、おなじみのガーデン群で、街道筋には宿泊施設、レストラン、土産物店などを組み込み、ガーデンを核としながら、地域全体を面として発展させることを目的にしている。

第1回の認証を受けた六か所の観光ルートの一つに、「にいがた庭園街道」がある。これまであまり知られていなかった村上市から新潟市へと結ぶ街道沿いに、庭屋一如《ていおくいちにょ》の考えで作られた、豪農、豪商たちの見事な屋敷と日本庭園が連なっている。

この地域は戦争被害を受けなかったことで、歴史的にも価値のある屋敷と庭が、そっくり残されている。私も二〇一九年八月にこのルートを訪れたが、酷暑をものともしないみずみずしい緑の庭園が、その秘められた歴史を静かに語りかけてきた。まさに、ディスカバージャパン、日本美の再発見だった。

こうした歴史のある庭と、明るく花咲くモダンなガーデンが、これから新たなエンターテイメントを提供する。国が旗を振り、県や市をあげて盛り上げようとしているガーデンツーリズム。〝庭をめぐる旅〟は速いペースで日本各地へ広がろうとしている。ガーデンは、求めれば誰もが自分のものとして楽しめる時代が来たようだ。海外からの観光客も期待しながら、ガーデンが日本経済の一翼を担うことになる日も遠くないかもしれない。

あとがき

『ビズ』百四十六冊が整然と書棚に並んでいる。一冊約百八十ページだから、これまでにざっと数えても二万六千ページを超えるボリュームでガーデンメッセージを送り出したことになる。ガーデンとは不思議なもので、これだけ編集しても、やりきったという感覚には程遠く、なんと奥行きが深い世界なのだろうかと、今しみじみと思っている。時代に沿いながら、ガーデンにはつねに私たちの暮らしが求めるお役目があるようだ。

実売部数がその存在理由を後押しする雑誌界にあって、『ビズ』が少部数ながら例外的にその命を繋ぐことができたのは、ひとえに二十五年という長きにわたって熱心に購読してくださった読者の皆さまのおかげで、心からの感謝の気持ちをお伝えしたい。『ビズ』はコア読者の割合がとても多いことで際立っていた。

それから、版元を引き受けてくださった婦人生活社、プレジデント社、ベネッセコーポレーション、タカショーの四社にも、時に採算が取れない時期にも『ビズ』存続へご理解を示してくださったことに、改めて御礼を申し上げたい。この雑誌の領域には、敷かれたレールも、確固たる終着点もなかったけれど、ただ自分の住みたい明日という、未来の環境づくりに一歩を踏み出す、夢多き編集者たちがいた。

ビズ編集部は常に六～七人の少人数で、多くの仕事をハードにこなしてきた。最終号となった106号では、倉重香理、鶴岡思帆、横山禎子、原由子、力石賀世子がいた。それぞれ得意分野を持ちながら、誠実に編集業務をこなしてくれた。そして社外で校閲の重要な仕事をしてくださった竹内直美さんがいる。創刊号から二十五年間お世話になった方である。

他に、毎週一回来社して二十年間にわたって私のアシスタントを務めてくれた英国人のジャメレア・ナダ（Jamelea Nader）さんがいる。彼女は学習院大学や早稲田大学、他、幾つもの大学で教鞭をとりながら、編集部では海外との完璧なコミュニケーションを維持してくれた。好奇心旺盛で、私とは価値観が近い得難い人材である。それから、ややプライベートな部分とも重なるが、公私ともにインターネット世界の情報と指導を十年近くも続けてくれている中嶋俊介さんがいる。

雑誌編集は個人の能力を大きく超えて、こうしたたくさんの才能とともに大きな仕事ができるところが醍醐味の職業である。

謝辞

誌面づくりでは、力ある先生方に執筆を願った。涌井史郎さん、荻巣樹徳さん、森和男さん、他、多くの方々。時には誤りのご指摘をいただいたこともある。

宮崎駿さんには、一九九八年のロングインタビュー「森と庭と」をはじめ、住環境への考えを取材させていただき、忘れがたい特集となった。

長友啓典さんと共にレイアウトデザインをしてくださった脇野直人さん、主力ライターの岡崎英生さん、同、橋本克彦さん。翻訳家の萩尾昌美さん。関西方面の撮影を中心に多くのバラ写真に力を発揮した山口幸一さん、ガーデンフォトグラファーのパイオニアである植原直樹さんをはじめ、写真家の工藤睦子さん、桜野良充さん、今井秀治さん、三浦明さん、中野昭次さん、竹田正道さん、牧田健太郎さん、飯貝拓司さん、エドワード・レビンソンさんなども手堅い仕事をしてくださった。「イギリス生活花日記」で庭のある生活の愉しさを写真と文で綴られた清水佳子さん。イラストレーターの大野八生さんの大活躍も、微笑みと共に思い出す。それからそれぞれ庭園組織の主力メンバーで、ビズ創刊直後からバックアップしてくださった井上花子さん（日本造園組合連合会）、丹羽理恵さん（園芸文化協会）、斉藤弘子さん（ＪＧＮ）も頼もしかった。

本文中にはお名前が出ていないが、それぞれの専門家としてアドバイスを願った（故）野村和子さん、河合伸志さん、白砂伸夫さん、浅野房世さん、天川佳美さん、藤田茂さん、山浩美さん、奥峰子さん。木井瑛瑠泰さん、白井温紀さん、山本裕美さん、菊地宏行さん、大嶋聡さん、有福 創さん、田代隆一さんなど、多くの才能溢れる方々のお力もいただいた。高江幸恵さん、矢崎潤子さん、齋藤（佃）祥子さん、河北秀也さんには、折々のアドバイスに感謝をお伝えしたい。

ビズ休刊後、執筆を後押ししてくれた吉田ゆみ子さん、笠井一、雅子夫妻にもありがとう。

大学卒業後、編集者になってちょうど半世紀を迎えた。同時に、結婚生活も同じ年月を重ねた。この間、仕事に没入する私を全面的にバックアップしてくれた夫・八木健一にも感謝している。

この本の出版にあたっては、文芸社の編集者、河野貴子さんと小野幸久さんに大変お世話になった。コロナ禍の中できめ細かなコミュニケーションをとってくださった気配りにも感謝申し上げる。

二〇二〇年十一月　　　　八木波奈子

付記

版元のこと、お金のこと、商標のこと

ビズ編集部を取り巻く環境が、二十五年間どんな状況だったかについては、少し説明が必要かもしれない。「ビズ」は、雑誌業界では珍しくロゴデザインを一度も変えず、内容は時代に沿いながら少しずつ調整を重ねたものの、大きなリニューアルをすることはなかった。編集部のスタッフは編集長を含め六人から七人、新たに入社する人もあれば、辞めていく人もあった。二十五年間変わらなかったのは、編集長とアートディレクターの長友啓典さん（二〇一七年三月没）、主力カメラマンのアンドリュー・ローソンさん。同じ英国人カメラマンのジェリー・ハーパーさんは、数年前にリタイアした。毎号二か月に一度、奇数月十六日発売の全国誌と決まっていた。あと重要なことは、凸版印刷の継続だった。部数が少なかった時期も多くなった時期も、一貫して贅沢で美しいグラビア印刷を続けてくれた（これはコスト面で版元の努力も大いにあったのだけれど）。ただ一度だけオフセット印刷になったのは、あの東日本大震災の直後に制作した、二〇一一年五月十六日発

売の72号（創刊二十周年記念号）だけだった。この時は、印刷所の倉庫にストックされていたグラビア印刷用紙の大ロールが崩れ、同時にコンビナート火災が起きてインクの手配もままならなくなったのだ。ページ数も判型も変わらず、A４変形のワイド版百八十ページ前後の構成。『私の部屋ビズ』『ビズ』（どちらも同じロゴ、ＢＩＳＥＳを使用）、合わせて百四十五冊と創刊準備号一冊は、背表紙の色こそ違うが、凹凸なしにずらりと並ぶ。

『ビズ』編集部の独立

『ビズ』は、もともと編集プロダクションの「有限会社マイルーム出版」で誕生した雑誌である。編集長の私は、この会社の社員だった。マイルーム出版は婦人生活社で発行・発売する本だけを編集する会社だったが、版元の経済状況が悪化し始めた一九九八年、私は『ビズ』の存続をかけてマイルーム出版から独立し、版元を変える決心をした。

商標〝ＢＩＳＥＳ〟（ビズ）を持ち、ビズ編集部丸ごとの独立、新会社設立という形になった。独立後は、私自身の会社、「有限会社ビズ出版」で編集を行うことになる。私は成り行き上、社員七名という小さな会社の社長兼編集長になった。
婦人生活社はほどなくして倒産、マイルーム出版も連鎖倒産の道をたどった。

版元が4社変わった

見た目には何の変化もなく淡々と二十五年間続いたようでも、実は、最も肝心な雑誌の版元（発行、発売を担う会社）が、この間に四社も変わっている。

一九九二年夏号（創刊号）から一九九八年秋号（39号）までが、ガーデニング草創期を担い『私の部屋ビズ』のタイトルで出版した婦人生活社、一九九九年（五月の創刊準備号）から二〇〇二年夏号（18号）までが、最も強力な広告営業力を発揮してくれたプレジデント社。この時から、誌名はシンプルに『ＢＩＳＥＳ』（ビズ）となる。

二〇〇二年盛夏号（19号）から二〇一一年春号（71号）までの約九年間は、ベネッセコーポレーション時代が続いた。

ここでは、勢いのある担当編集者（総編集長）伊久美亜紀さんから、初めての顔合わせのときに諭されたフレーズが、今も私の中でリフレインしている。「八木さん、数字は大事ですよ」、柔らかな口調ながらズンッと胸に響く言葉に、内心たじろいだことを思い出す。もう一人、若武者〝桃太郎〟のような使命感に燃えた営業マン、肥山栄孝さんがいた。伊久美さんとコンビネーションを組んで、読者動向や時代のニーズなどを分析し、適切な情報を送ってくれた。それをもとに、編集部では以後、年間を通してバラの企画を組み、また全国に広がるオープンガーデン特集に力を入れることになる。読者ニーズとガーデン界の現状を分析、把握して編集企画を練る、この王道を行く編集手法は、今更ながら勉強になった。特にオープンガーデンの発展状況の把握は、次のステップに大きな力となっていく。この時期、伊久美さんを編集人としてまとめられた記憶に残る美しいムックが二冊ある。百二十八ページ全グラビア印刷の『美しき英国ガーデン　人生の喜びは庭にあり』と、もう一冊は『輝くバラたち』（口絵参照）。どちらもキラキラの金の帯を表紙に巻いている。

二〇一一年夏号（72号）から二〇一七年早春号（106号）は、最後の四社目、エクステリア資材を商うタカショーが版元となる。代表者は高岡伸夫さん。約六年半のお付き合いの後、ここで創刊二十五周年をもって休刊の決定が下された。

二〇一一年、最後の版元変更のタイミングが、ちょうど東日本大震災と重なり、以後、編集部では、被災地支援のガーデンチャリティに踏み出す。荒れた被災地で行った花咲くメドウづくりの体験は、花が持つ大きな癒やしの力を実感する機会になった。この時、ビズ編集部は初めて編集室を出て、東北の現場でガーデン制作に手を染めることになる。この体験は、近年、再び多くの人たちが関心を持ち始めたガーデン界の世界的潮流、〝ガーデンセラピー〟を、新たな編集テーマとして展開するきっかけになった。

版元の変更という大きな節目を何度も乗り越えてきたことになるが、版元変更の決断に際しては、毎回、創刊号を出すくらいの勢いが必要だった。そのつど新しい版元側との話し合いや編集方針の確認などにもエネルギーを費やした。もちろん、『ビズ』が毎号十分な利益を生む媒体であれば、こんな経験は必要なかったわけだが、脆弱なガーデン業界をベースに、購読者としてのガーデニング人口もまだまだ十分とはいえない状況だった。とはいえ、『ビズ』が苦戦した一番の理由は、編集方針の間口の狭さ、読者ターゲットの絞り込み方にあったと考える。制作費も決して安くはなかったので、版元の収支は厳しかったのである。実売部数はピーク時でも五万部ほどだったように記憶している。バブル期を過ぎて国の経済もどんどん下方へと向かっていた。それでも、いくら景気の悪い時代にあっても、この日本には一社くらいは〝今、うちの会社は大変好況です〟と胸を張る出版社や企業があるもので、なんとか版元リレーは継続できたのである。

そうした好況にある会社との出会いで感じたことがある。それは〝ガーデニング誌の出版〟と、クオリティにこだわる大人の読者を持つ『ビズ』に関心を示してもらえたことである。内容（コンテンツ）の独自性と、誰もが受け入れやすい花や緑の安らぎ感や美しさをメインテーマにしているのも、この雑誌の強みだった。こうした要因があって、綱渡り状態とはいえ、二十五年続いたのではないだろうか。

定期購読者の皆さまへの感謝

版元変更の折に私が最も胸を痛めたことは、版元変更の度に、定期購読をしてくださっていた熱心な読者の方々に〝残りの購読料を全て精算し返金の上、契約解除〟を余儀なくされたこと。当然、定期購読者名簿が次の版元へ引き継ぎされることはなく、読者の皆さまには大変な不安とご心配、ご面倒をおかけした。それでも、新しい版元からまた『ビズ』が発売されれば、すぐに見つけて購読を続けてくださったことには、感謝、感謝の言葉しかない。

プレジデント社の営業力

『ビズ』二十五年の中で、広告営業のパワーを見せてもらった記憶は、今も輝いている。『ビズ』はガーデン誌とはいえ、純然たる園芸誌ではなく、自然志向の生活や住まいを扱い、世界の文化に触れ、環境話題も取り上げる。スポンサーが取りにくい――これは、長年営業サイドから言われ続けてきたことだった。

しかし、独立して最初に組んだプレジデント社は違った。今思い出しても、スカッとする。プレジデント社といえども、『ビズ』の場合、版元に入る広告収入は大手ファッション雑誌などと比べたら、少額かもしれないが、バックとなる業界すら確立していなかったガーデン&ガーデニング誌で、一年間の広告売り上げが一億数千万円を計上していた。

版元がプレジデント社に決まった直後、営業担当者から編集部にもたらされた報告は、ベンツ社の巻頭見開き広告がレギュラーで決定したことと、表4（裏表紙）にブルガリが決まったとの第一報だった。私は驚き、深いため息をついた。もちろんそこには、プレジデント社が培ってきた優良スポンサー群の下地があったことではあるけれど。

『ビズ』の担当に決まった営業マンは、まるで課長島耕作のようだと編集部内でも人気が高かった男性、池田嘉之さんであった。池田さんの営業がすごいと思ったのは、まず雑誌コンセプトをスポンサーの会社担当者にきちんと自分の言葉で説明できたこと。当たり前と思われるかもしれないが、多面的な要素を含み、なお、実態が確認されにくいパイオニア分野を歩む『ビズ』を説明するのは難しい。それも、相手の会社の利益と結びつけて説得していくのだから、横で聞いている私も舌を巻いたものだ。池田氏がビッグスポンサーのところに行くときには、時々編集長も同行を求められたので、つぶさに彼の営業トークを拝聴できた。

数年後、『ビズ』がプレジデント社から離れると決まったとき、池田さんは私にこんな風に言ってくれた。

「ビズを語っていると、自分がカッコよく感じられるんですよ」

しみじみと嬉しかった。編集者人生の中で、最も印象に残った営業畑の男性だった。

商標BISESを買いたい

プレジデント社とのお付き合いは長くは続かず、三年半ほどで終わった。それにしても、この会社では、じっくりとビジネスマンの緻密で周到な方法論に触れさせてもらった。なぜ、この短い期間で終止符が打たれたかというと、プレジデント社がガーデンよりもファッションを含む、高級マダムマガジンへのリニューアルを強く望んだことが最大の理由だった。せっかくここまで高級感のある誌面づくりで得た読者層、及びブランドイメージがあるのだから、営業的にもグンと採算を見込める内容の雑誌に変えようと目論んだのである。彼ら側の論理でいけば、これは正解だったろう。でも、私にとっては世界をめぐり時間をかけてやっとたどり着いた新領域、ガーデン&ガーデニングを、そうやすやすと手放すわけにはいかなかった。プレジデント社は、ついにBISESの商標を買いたいと申し出てきた。しかもその太っ腹の条件には、さすがにたまげた。

「八木さんの言い値で買いましょう。おいくらか、言ってください！」

売れるものと売れないものがある、などと啖呵を切りたいところだったけれど、一瞬の迷いが生じたことも事実。なぜかといえば、私はその時期、身内の倒産と、その借金の保証人になっていたことで、家も手放さなければダメかもしれない状況だったのだ。我が人生最大の危機だったかもしれない。こうして書いていても、あの数日間の緊迫した状況を思い出すと、呼吸困難になりそうである。

ここで、アートディレクター長友啓典さんが登場する。デザイン界では有名な長友さんではあったが、その存在感は並ではなかった。彼のおおらかさ、印象的なたっぷりとした福耳、何があっても、ふわりとかわしながら包み込む不思議な人間力を身にまとっていた。バブルの最盛期を謳歌した人とは聞いていたが、遊び人の崩れた雰囲気はない。しかも洒落ている。私が「ガーデンの雑誌を始める」と相談に行った最初のミーティングでは、「やめなさい、そんなこと。ファッションにしなさい」と、断固としたアドバイスをしてくださったことを思い出す。

さて、この長友さんに事の重大さを告げるため、六本木のオフィスへとタクシーを飛ばした。私が先方に提示した金額を告げると、

「八木さん、やめなさい。そもそも一桁違うでしょう？　ＢＩＳＥＳの価値はそんなものではない」

きっぱりと否定して続けた。

「そんな金額でいいなら、僕は明日にでも全額用意してあげますよ」

そのときの長友さんの勢いが幸いして『ビズ』はその直後、わずか四日で次の版元にたどり着いた。そこでは編集費の交渉も問題なく、あっさりと受け入れてもらえた。私にとっては大きな金額なのに、大会社にとってはさほどのものではないのだと、少し図太くなった私がいた。

全てが終わってから、私はプレジデント社の社長、綿引好夫さんと二人で、ゆっくりと本当に美味しいお酒を飲んだ。たくさん話をした。ビジネスの現場で見せる厳しい表情と、二人で飲みながら本音で語り合うときの違いを目の当たりにして、頬が緩んだ。お互い、逃げも隠れもしない。私にとっては死闘を繰り広げた日々だったけれど、もしかしたら綿引さんにとっては、この大騒動も日常のビジネスのひとコマにすぎなかったのかもしれない。「『ビズ』は本当にいい本だったね」とにっこり笑ってくださった。初めて知ったビジネスマンの世界、敬意を持って思い出される別れだった。

日本園芸商協会のバックアップ

創刊のごく最初の頃から、全国規模の組織を持っていた日本園芸商協会は『ビズ』のコンセプトを評価してくれていた。「これからはガーデン&ガーデニングですよ」と、当時協会長を務めていた徳本修一さん（総合園芸会長）は、協会員の各社から広告費を集め、毎号連合広告を打ってくれたのである。一ページを何社かでコマ割りにする広告誌面であったけれど、ありがたいと思った。そして、誌面で紹介する商品などを積極的に各ショップ、企業で流通するように計らってくれた。トレンドづくりに協力してくれたのである。

著者プロフィール

八木 波奈子（やぎ はなこ）

1969年 東京藝術大学美術学部芸術学科卒業。
婦人生活社に入社し『服装』編集部へ。
1982年 『私の部屋』編集長となる。
1992年 『私の部屋』創刊20年を経て、全面リニューアルの形でホーム&ガーデニング誌『BISES（ビズ）』をスタートさせる。
1997年 新語・流行語大賞ベスト10で「ガーデニング」を流行させたとして個人が受賞。
1998年 有限会社ビズ出版を設立、代表取締役となる。
2009年 東京・六本木のフジフイルムスクエアにて『ビズ』100号記念「憧れのイングリッシュガーデン写真展」を開催。
2011年 3月30日、『ビズ』を母体に「3.11ガーデンチャリティ」を設立し、全国のオープンガーデングループと共に、東日本大震災・復興支援活動を開始。
2017年 『ビズ』は創刊25周年で休刊となる。

長い編集者人生のうち、35年を編集長としてキャリアを重ね、中でも、ガーデニングでは、パイオニアとして多くの人材発掘と育成に務め、雑誌界に新たな領域を広げた。

BISES 共感のエナジー ガーデニング誌『ビズ』の記録

2021年1月15日 初版第1刷発行
2021年4月15日 初版第2刷発行

著　者 八木 波奈子
発行者 瓜谷 綱延
発行所 株式会社文芸社
〒160-0022 東京都新宿区新宿1-10-1
電話 03-5369-3060（代表）
03-5369-2299（販売）

印刷所 株式会社フクイン

ISBN978-4-286-22219-6